トッシー伊藤の

驚きの介護レク

伊藤利雄／著
（トッシー伊藤）

みんな笑顔でつながりましょう!!

ひかりのくに

この本のよいところ…
おすすめポイント

現場の介護職がビックリ!

いつもは表情の乏しい方なのに…

トッシー伊藤先生の介護レクでは…
➡ あの方が、イキイキと楽しんでおられた!!

驚きの介護レク実践
そのワケは…

こんにちは!　トッシー伊藤こと伊藤利雄です!
愛知県で保育士をしつつ、子どもからお年寄りまで、地域がつながっていけるようにと社会福祉士としても活動しています。
そして、高齢者の方ともつながれる現場でも活動できるように、高齢者の体や心のことも学んできました!

この本の中の歌は、すべて楽譜が読めなくても何となく言葉を発していればよいものばかりです。参考に楽譜を載せてありますが、気にせず、テキトーに歌えば OK です!

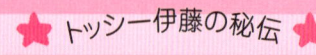

私が行なっているグループホームでの介護レクなどを見て、そこの職員の方が驚かれています。私自身のキャラクターもありますが、心がけていることがあります!

それが『驚きの介護レク実践』につながっているのだと思うようになりました!

驚きの介護レクのための

心がけ その1 人は人とつながれた、つながっていると思うと笑顔になり、楽しくなる!

私は、社会福祉士としての視点、特に「対人援助技術論」を学んで、人・家族・友人・社会との接点を大切にしています。

「グループホームの認知症高齢者のみなさん」と「介護レク講師」ではなく、「認知症高齢者おひとりおひとり」と「トッシー伊藤」とが、「1 体 1」で楽しむことでつながる…

その延長が、「みなさん」との楽しさにつながるのだと思います!

➡ **そのためのコツ・ポイントを、この本に散りばめました!**

驚きの介護レクのための

心がけ その2 夢中になって、心と体を動かして「遊ぶ」ことで、人は笑顔になり、楽しくなる!

私は、「遊び」のプロである保育士として、30 年以上、おもしろく・笑顔になる・盛り上がりがある・つながる遊びを子どもと楽しんできました。

自分が楽しくしていると子どもにそれが伝わります。その繰り返しが、認知症の方であっても、日々を明るく生きることにつながるのだと思います。

➡ **そのためのコツ・ポイントを、この本に散りばめました!**

【心がけその3】など…次のページへ

驚きの介護レクのための

心がけその3

(【心がけその1】【心がけその2】で)心が動くと体が動く…体が動くと、また心が動き、人は前向きになる

高齢者の方が前向きな気持ちになって、「歩きたい」「動きたい」と思えるように、介護予防運動指導員の資格を取ることで学んだことを取り入れています。運動をすることは脳の活性化にもつながるといわれています。

➡ そのためのコツ・ポイントを、この本に散りばめました!

最後に!

「さあ、運動の時間です!　ハイ、立って…」
という機械的なものではなく、

肩ひじ張らず、緊張せず、リラックスして、この本の読者である

介護職のあなたのありのままで

楽しんでください!

介護度の高い方、認知症の方をつなげる「つなげ方」「つなげるための声かけ」や「配慮」がわかる『驚きの介護レクリエーション』のテクニックを、介護職の方々にもノウハウとして使っていただきたいという思いをこの本に込めて作りました。

この本が、介護現場の笑顔につながることを祈っています。

トッシー伊藤こと伊藤利雄

驚きの介護レク 実践のために

2見開き(4ページ)で1セット!…きめ細かくわかりやすい構成!

大きく流れをつかみましょう!

介護レク＝現場をシミュレーション

第3章
ビジュアルでわかる流れ編
下肢の筋力アップでますます元気に!
2
座布団
ここから!
1「座布団」を作る
ほら、座布団!
うまく折れたわ
2 よい姿勢になる
姿勢確認
こうかね
3「ざぶとん1枚どうぞ」「いらん、いらん」
ざぶとん 1枚どうぞ ハイ
いらん、いらん
ざぶとん 1枚あげりん ハイ
1・2・3・4・5

ビジュアルでわかる流れ編

めくって次の見開きで 2見開き(4ページ)で1セット!

声かけなどを詳しく確認しましょう!

スーパー実践シナリオ

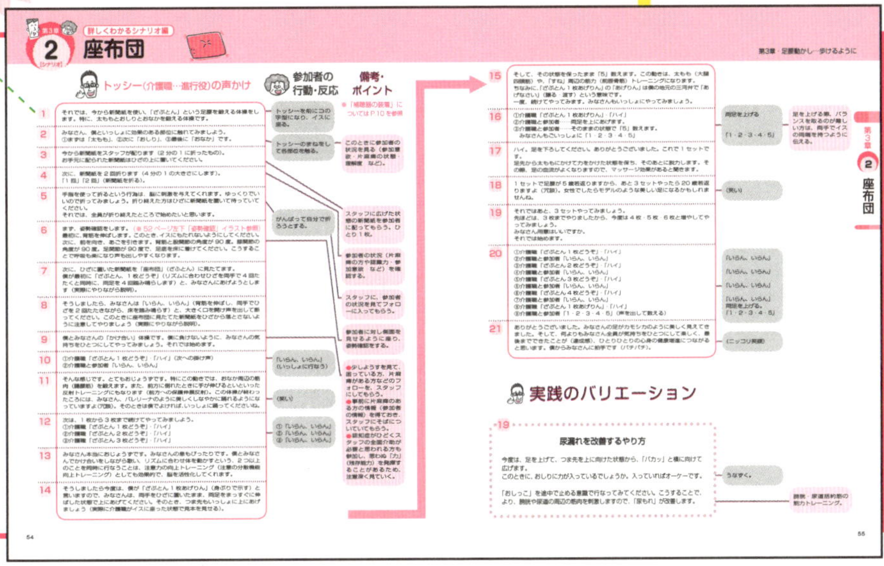

第3章
詳しくわかるシナリオ編
2
座布団
トッシー(介護職…進行役)の声かけ
参加者の行動・反応
備考・ポイント
実践のバリエーション

詳しくわかるシナリオ編

＝

各々のレクの意味の説明もできる!

ピンクのふき出しの中の 1 ～が次のページのシナリオと連動しています

※この本の中の介護レクは、グループホームほか、介護予防活動でも実践されたものばかりですが、参加者の状況に応じて、工夫して行なってください。

CONTENTS

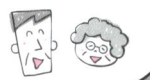

第3章　足腰動かし…歩けるように

第4章　上体動かし…肩こり知らず

＊介護レクの注意点＊

①運動を制限されている方は体操を避けてください。
②痛みのない範囲で無理なく行ないましょう。
③体調不良や痛みが出る場合は、体操を中止してください。
④イスを使用する場合は、体格に合った安定性のあるものを使用してください。
⑤なるべく姿勢を正した状態で行ないましょう。
⑥トレーニングの回数・秒数はあくまでも目安です。体調に合わせて設定しましょう。
⑦自宅で行なう場合は必ず２人でするか、もしくは、急にふらついてもよい安全な場所で行なってください。

この本を手にとっていただいた方へ

本書をご利用いただき、誠にありがとうございます。この本を通し、皆様が少しでも楽しい時間を過ごし、温かな気持ちになっていただくことができれば幸いです。(著者)

1【流れ】

ビジュアルでわかる流れ編

顔に力を入れて顔と顔周辺の若返り！①

おかめ・ひょっとこ

＊顔にギュッと力を入れておかめやひょっとこに変身

※ 1 などのせりふはP.10-11「詳しくわかるシナリオ編」で掲載

ここから！

1 顔の筋肉が衰えてくると…？

顔の筋肉が衰えてくると、実年齢よりも老けて見えたりします。これからみなさんのお顔を使って体操をしたいと思います
1 ～ 4
まず、姿勢確認をします。 5
そうなんだね
ほんとだ。この姿勢だと声が出しやすい！

P.52の2「よい姿勢になる」を参照

- 介護職は参加者に対し側面を見せるように座り、正しい姿勢の見本を見せる。
- ほかのスタッフに参加者の姿勢を確認してもらう。

2 イチ、二の「グイッ」でおかめ・ひょっとこ

それでは、僕が一度やってみます。
6 ～ 10
お・か・め・ひょっ・とこ・
あつ・まっ・て・こ・い
イチ、二の「グイッ」
グイッ
両手を広げ、手をたたきながら、大きく口を開けて歌をうたいます。みなさん、ごいっしょに！
11

人　数	10～15人		
道　具	無し		
姿　勢	座位		
所要時間	10～15分	回　数	3回
ここに効く	誤嚥性肺炎の予防／認知症予防／声帯周辺の筋肉強化		

●お顔の若返り体操です。
●ひとりでもできますが、みんなで行なえば効果抜群。会場もいつしか「笑いの渦」になります。
●表情筋や口輪筋等を刺激し脳の活性化を図ります。

3 みんなで「グイッ」！ おかめ・ひょっとこ

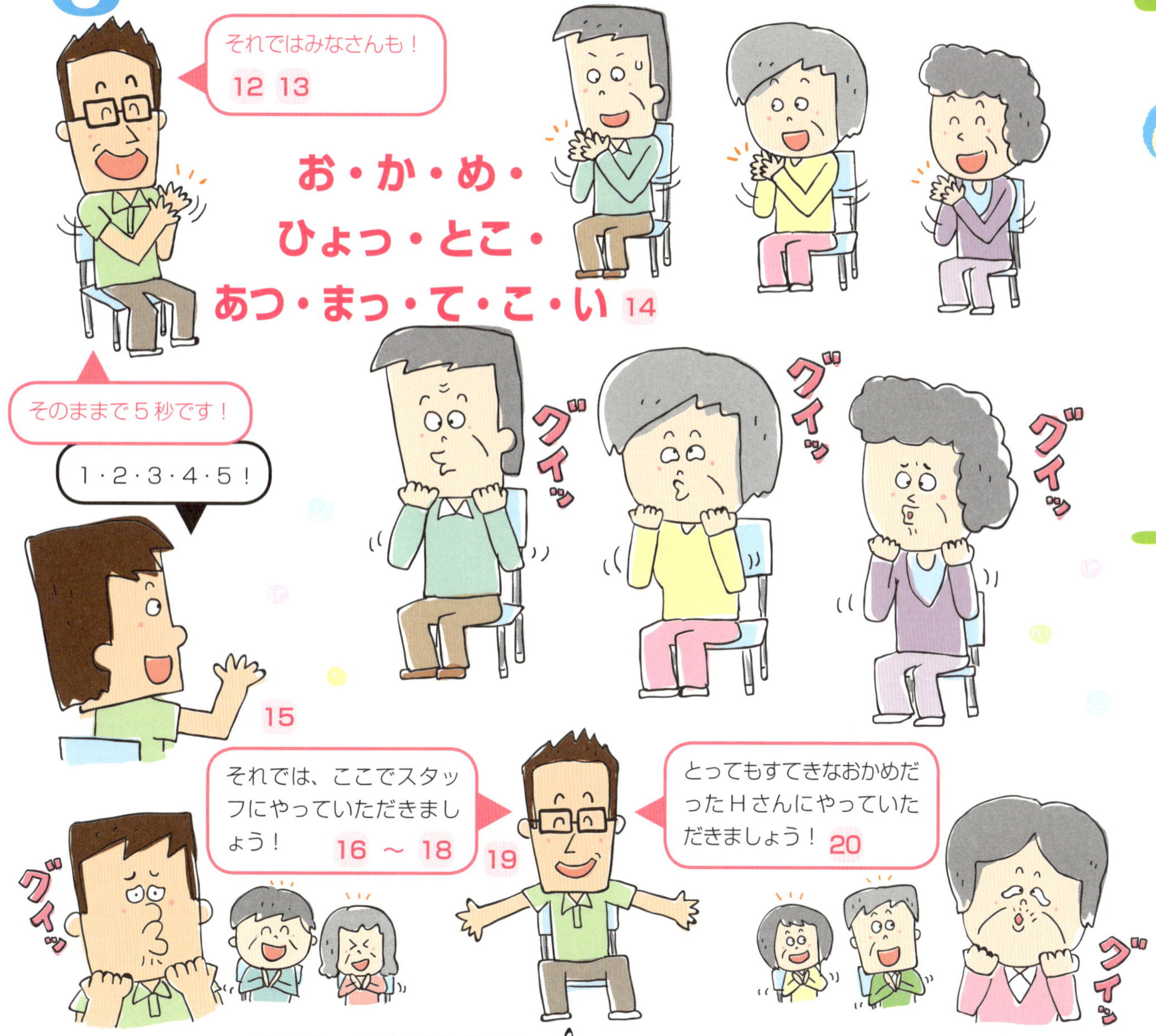

『おかめ・ひょっとこ』作詞・作曲／伊藤利雄

POINT

●「お顔の筋肉をすべて鼻に集めましょう」と言って、まずは介護職が恥ずかしがらず参加者の前で大胆にやってみることです。実践の前に鏡の前で練習してみましょう。介護職の「おもしろい顔」が、必ずみんなを幸せにしてくれます。
●介護度の高い方も「お顔が若返る」と言うと意欲満々になります。

続編となるP.12～15の「おかめ・ひょっとこ・さようなら」も参照

流れが詳しくわかるシナリオへ

詳しくわかるシナリオ編

おかめ・ひょっとこ

	トッシー（介護職…進行役）の声かけ	参加者の行動・反応	備考・ポイント
1	お顔の若返り体操をします。特に女性の方は、より若く美しく、男性の方はよりカッコよく。そして、何よりも心と体が健康になっていただくためのものです。	（ニッコリ笑顔）	事前に補聴器のある方は付けてもらう。耳の遠い参加者のためにピンマイクを付けて行なう。 ※「補聴器の装着」については P.10（このページ）を参照
2	お顔は、いろいろな筋肉でできています。例えば、人の表情を作る表情筋や、ご飯を食べるときに食べ物が口から外に出ないようにする口輪筋など、さまざまな筋肉でできています。 お顔の筋肉が弱くなってくると。「たるんだり」「緩んだり」して、年齢以上に老けて見えたりします。 また、お口回りの筋肉も緩みますから、ご飯も、食事中にポロポロと口から出てしまうことだってあります。 お顔の筋肉を鍛えることは若さだけでなく、お食事にも関係してきます、ですから、必然的に健康度もアップするわけです。		
3	これからみなさんのお顔を使って「おかめ・ひょっとこ」という体操をしたいと思います。 みなさんのお顔に付いているものには、どんなものがありますか。	目、鼻、耳、口、ほっぺなどと答える。	参加者から出てこない場合も想定し、スタッフに事前に声かけをしておくとよい。次への流れがスムーズになり、参加者のモチベーションも上がる。
4	これらはすべて、お顔にある筋肉によって支えられています。ですからこれらの筋肉が衰えてくると、どうなると思います。 そうですね。実年齢よりも老けて見えたりします。	「シワになったり、たれたりする」	
5	今からみなさんのお顔の筋肉を鍛える体操をして、今よりもっと若くなってもらいたいと思います。 それでは始めたいと思います。 まず、姿勢確認をします。最初に、背筋を伸ばします。このとき、イスにもたれないようにしてください。次に、前を向き、あごを引きます。背筋と股関節の角度が 90 度。膝関節の角度が 90 度。足関節が 90 度で、足底を床に着けてください。こうすることで呼吸も楽になり声も出しやすくなります。（※ 52 ページ左下「姿勢確認」イラスト参照）		お昼前・おやつ前であれば、口腔・嚥下体操として利用する。
6	それでは、僕が一度やってみますので見ていてください。 最初に、手をたたきながら大きく口を開けて歌います。 両手を広げ、歌をうたいます。 「お・か・め・ひょっ・とこ・あつ・まっ・て・こ・い」		●このときに、参加者がすでにいっしょに行なっているなら続ける。全体の理解度を見ながら行なう。 ●ゆっくり一語一語、区切って口の周辺筋肉を大きく動かす意識で行なう（声帯周辺の筋肉強化）。
7	それではみなさんもごいっしょに。 両手を広げて。 歌「お・か・め・ひょっ・とこ・あつ・まっ・て・こ・い」		
8	①手をたたきながら、リズムに合わせ、歌うという、2 つ以上のことを同時にすることは、脳の活性化に効果的といわれています。 ②それと同時に、声帯周辺の筋肉を刺激しますので、お口から喉にかけての筋肉が柔軟になり、食事の際の、飲み込みがスムーズになります。食事の際、食べ物が気管支に誤って入ってしまい肺炎を起こすこともあります。そうならないための体操でもあります。		①効果（認知症予防にも）を参加者に知らせることで、少しでも意識してもらう。 ②誤嚥性肺炎の予防にもなる。
9	次に、自分の顔のパーツをすべて鼻の辺りに集めてください（鼻を指さす）。		
10	それでは僕が気合を入れてやってみます。みなさんよく見ていてください。 顔を前に向けます。次に両手をグーにしてひじを曲げ、鼻の辺りにすべてのパーツを集めるイメージで全身の力を使ってやってみましょう。 イチ、ニの「グイッ」	（笑い）	

11
たくさんの笑いをありがとうございました。気合を入れてやったかいがあります（笑）。
こうすることで、お顔の筋肉を刺激し血流を促します。血流がよくなると、表情も明るいイメージになります。
そして、何よりみなさんの笑いが最高の脳とお顔の若返りのもとになります。笑いはストレスを軽減し、免疫システム細胞を強化すると聞きます。笑うごとに、みなさんの健康寿命が延びると思いますよ。

効果を伝えて参加者のモチベーションを上げる。

12
それではみなさんもごいっしょに、やってみましょう。
イチ、ニの「グイッ」。
「1・2・3・4・5」（介護職が数を数える）。

（笑い）

13
ありがとうございました。みなさんの美しいお顔がより美しく見えてきました。
それでは、もう一度最初から続けてやってみましょう。

14
両手を広げて。
歌「お・か・め・ひょっ・とこ・あつ・まっ・て・こ・い」
「グイッ」
そのままで「1・2・3・4・5」（介護職が数える）。

15
ありがとうございました。みなさんのお顔が、先ほどよりも10歳ほど、若く見えてきました。

16
それでは、ここでスタッフにやってもらうというのはいかがでしょうか。
スタッフも突然ふられて心の準備ができていないと思いますが。みなさんの拍手があればきっとやってくれると思いますよ。
スタッフのAさんいかがでしょうか。

17
それでは、みなさん、盛大な拍手をお願いします。
みなさんの熱い声援もあります、スタッフのAさん、お願いできますでしょうか。

スタッフA「やるから、見ててネ」
それでは、みなさんもいっしょに歌って盛り上げていきましょう。
両手を広げ。歌「お・か・め・ひょっ・とこ・あつ・まっ・て・こ・い」
「グイッ」
そのままで「5」秒です。

拍手をする。「そーれ、そーれ」など参加者からしぜんに声も出ると、さらに盛り上がる。

場の雰囲気や一体感、参加者の意欲を大切にすることで、次への進行も温かで楽しいものになる。対人関係能力の向上にもなるため、介護職としてはぜひ押えておきたい進行上のポイント。

（笑い）

スタッフと事前に打ち合わせをしておき、わざとおもしろい顔をして参加者の笑いを取るようにする。

18
ハイ、OKです。
スタッフAさんの美しいお顔がより美しくなってきましたよ。ありがとうございました。
みなさんそれでは、スタッフのAさんにもう一度盛大な拍手をお願いします。

19
みなさんの笑顔こそが若返りにいちばんかもしれません。
それではみなさん、あと2回やってみましょう。
1回やる毎に、5歳ほど若返りますから、2回やると
みなさん20歳ですよ。
それではみなさん続けてやってみましょう。

（ニッコリ笑顔）

20
ありがとうございました。僕からみなさんの笑顔に拍手です（パチパチパチ）。
みなさんのお顔が本当に20歳のように見えてきました。Hさん（参加者）の「おかめ・ひょっとこ」の顔ががとってもすてきでしたので、みなさんに見せていただけないでしょうか。
Hさんのすてきなお顔に拍手。
それではみなさん、ごいっしょに歌ってください。

場の雰囲気を見ながら、やってくれそうな参加者を指名。

いっしょにニコニコ笑顔で歌い、「5」を数える。

第1章
顔をほぐすと若返る！
2
【流れ】

ビジュアルでわかる流れ編

顔に力を入れて顔と顔周辺の若返り！②

おかめ・ひょっとこ・さようなら

＊おかめやひょっとこが変顔で「パァー」っと開放

※ 1 などのせりふはP.14-15「詳しくわかるシナリオ編」で掲載

ここから！

前編となるP.8～11の
「おかめ・ひょっとこ」も参照

1「おかめ・ひょっとこ」を開放

今度は、「おかめ・ひょっと」で集めた顔のパーツを開放します。
1
2
あの体操ね
それでは僕とスタッフのBさんで一度やってみます。
集めたパーツを、全身を使って開放します。
3 ～ 12
グイッ
●パーツを集めるまでは前編「おかめ・ひょっとこ」(P.8～11）と同じ。
パァー
たくさんの笑い、ありがとうございました。
口も目も
鼻も大きく広げる

人数	10～15人		
道具	無し		
姿勢	座位		
所要時間	10～15分	回数	3回
ここに効く	誤嚥性肺炎の予防／認知症予防／声帯周辺の筋肉強化／身体バランスの向上／上肢筋群・下肢筋群の活性化		

- 「おかめ・ひょっこ」の続編として使ってください。
- お顔の若返り体操。開放感に心も身体もリラックス。
- 脳の健康と顔の若返りに最適。
- 身体バランスの向上や上肢筋群・下肢筋群の活性化にもなります。

2 みんなで開放して「さようなら」

それでは、みなさんもいっしょにやってみましょう。

両手を広げます。 13 14

歌「お・か・め・ひょっ・とこ・さ・よ・う・な・ら」

5秒保持したら、口も目も鼻も、両手両足も大きく広げて、全力で開放します。 15

パァー

ウフフフ……

16 ～ 21

あら、おもしろい！

『おかめ・ひょっとこ・さようなら』
作詞・作曲／伊藤利雄

POINT
- 抑圧された気持ちを全身を使い「大爆発」させるイメージで行ないましょう。気持ちが良いですよ。
- 一度慣れてしまえば、あとは楽しさいっぱい。新しいことに取り組むことも、脳の活性化につながります。
- 「汗かくね」「体もポカポカ」と参加者が驚きます。

流れが詳しくわかるシナリオへ

第1章

詳しくわかるシナリオ編

2【シナリオ】おかめ・ひょっとこ・さようなら

	トッシー（介護職…進行役）の声かけ	参加者の行動・反応	備考・ポイント
1	今度は「おかめ・ひょっとこ」で集めたすべての顔のパーツを一挙に開放する体操をします。名づけて「おかめ・ひょっとこ・さようなら」です（両手を広げてさようならのポーズをする）。それでは始めたいと思います。	（笑い）	※「補聴器の装着」については P.10 を参照
2	まず、姿勢確認をします。（※ 52 ページ左下「姿勢確認」イラスト参照）最初に、背筋を伸ばします。このとき、イスにもたれないようにしてください。次に、前を向き、あごを引きます。背筋と股関節の角度が 90 度。膝関節の角度が 90 度。足関節が 90 度で、足底を床に着けてください。こうすることで呼吸も楽になり声も出しやすくなります。		介護職は参加者に対し側面を見せるように座り、正しい姿勢の見本を見せる。ほかのスタッフに参加者の姿勢を確認してもらう。
3	それでは僕が一度やってみますので見ていてください。最初に、手をたたきながら大きく口を開けて歌います。歌「お・か・め・ひょっ・とこ・さ・よ・う・な・ら」（両手を広げて）そして、顔を前に向けます。次に、両手をグーにしてひじを曲げ、鼻の辺りにすべてのパーツを集めるイメージで、全身の力を使ってやります。		●このときに、参加者がすでにいっしょに行なっているなら続ける。全体の理解度を見ながら行なう。 ●ゆっくり一語一語、区切って口の周辺筋肉を大きく動かす意識で行なう（声帯周辺の筋肉強化）。
4	「グイッ」（5 秒保持）このように、自分の顔のパーツをすべて鼻の辺りに集めます。		
5	次に、集めたパーツを、全身を使って開放します。「パァー」（口も目も鼻も大きく広げ、両手両足も広げ、変顔で笑いを取る）たくさんの笑い、ありがとうございました。	（大笑い）	
6	みなさんの笑いが、いちばんの若返りに効果があると思います。これだけで、みなさん 5 歳若返りましたよ。	（笑い）	
7	それでは、ここでスタッフにやってもらうというのは、いかがでしょうか。スタッフも突然ふられて心の準備ができていないと思いますが（笑）、みなさんの拍手があればきっとやってくれると思いますよ。		
8	スタッフの B さんいかがでしょうか。それでは、みなさん盛大な拍手をお願いします。みなさんの熱い声援もあります、スタッフの B さん、お願いできますでしょうか。	拍手をする。「そーれ、そーれ」など参加者からしぜんに声も出ると、さらに盛り上がる。	場の雰囲気や一体感、参加者の意欲を大切にすることで、次への進行も温かで楽しいものになる。対人関係能力の向上にもなるため、介護職としてはぜひ押さえておきたい進行上のポイント。
9	スタッフ B「やるから、見ててネ」それでは、みなさんもいっしょに歌って盛り上げていただきましょう。	拍手をする。	
10	両手を広げます。歌「お・か・め・ひょっ・とこ・さ・よ・う・な・ら」		
11	「グイッ」（5 秒保持）自分の顔のパーツをすべて鼻の辺りに集めます。		

No.	進行	参加者の反応	ポイント
12	次に、集めたパーツを全身を使って開放します。 「パァー」（口も目も鼻も大きく広げ、両手両足も広げ、変顔で笑いを取る） ハイ、OKです。スタッフBさんの美しいお顔がより美しくなってきましたよ。ありがとうございました。 みなさん、スタッフのBさんにもう一度、盛大な拍手をお願いします。	（大笑い） （笑い）	スタッフと事前に打ち合わせをしておき、わざとおもしろい顔をして参加者の笑いを取るようにする。
13	それでは、みなさんもいっしょにやってみましょう。 抑圧されたものを、解放するというイメージで思い切ってやってみましょう。気持ちが良いですよ。	恥じらいも消え、ニコニコ笑顔で参加する。	
14	両手を広げます。 歌「お・か・め・ひょっ・とこ・さ・よ・う・な・ら」		
15	「グイッ」（5秒保持） 「パァー」 （全身を使って表現する。口も目も鼻も大きく広げ、両手両足も広げる）	参加者同士で、顔を見合って笑い合う。	共感関係を大切にすることを意識して、場の雰囲気を盛り上げる。対人関係能力の向上につなげる。
16	みなさんのすてきなお顔に感激の僕です（拍手）。		
17	こうすることで、お顔の筋肉を刺激し血流を促します。血流がよくなると、表情も明るいイメージになります。 また、全身を使いますので、身体全体の血流もよくなるので身体がポカポカと温かくなってきたと思います。冷え性の予防にもいいかもしれませんね。		効果を伝えて参加者のモチベーションを上げる。
18	そして、何よりみなさんの笑いが最高の脳とお顔の若返りのもとになります。笑いはストレスを軽減し、免疫システム細胞を強化すると聞きます。笑うごとに、みなさんの健康寿命が延びると思いますよ。 それではみなさんもう一度やってみましょう。 （繰り返し）		効果を参加者に知らせることで、少しでも意識してやっていただく（認知症予防にも）。
19	ありがとうございました。みなさんのお顔が、先ほどよりも10歳ほど、若く見えてきました。 それではみなさん、あと1回やってみましょう。 1回やる毎に、5歳ほど若返りますから、2回やると、みなさん20歳ですよ。	（笑い）	「ハイ」（スタッフ）
20	ありがとうございました。 僕からみなさんの笑顔に拍手です（パチ・パチ・パチ）。 みなさんのお顔が本当に20歳のように見えてきました。 Hさん（参加者）の「おかめ・ひょっとこ・さようなら」の顔が、とってもすてきでしたので、みなさんに見せていただけないでしょうか。		
21	Hさんのすてきなお顔に拍手。 それではみなさん、ごいっしょに歌ってください。	（みんながニコニコ笑顔）	場の雰囲気を見ながら、やっていただけそうな参加者を指名。

第１章

顔をほぐすと若返る！

3

【流れ】

ビジュアルでわかる流れ編

大きく口を開けて口回りの筋力アップ！

手作りハンバーガー

＊顔を両手で挟んで、即席の手作りハンバーガー

※ 1 などのせりふはP.18-19「詳しくわかるシナリオ編」で掲載

ここから！

1 ハンバーガーの話題を投げかける

1
みなさんのお顔を使って「手作りハンバーガー」という体操をします。 2
ハンバーガーが好きな方はおられますか？ 3
4 ～ 5
まず、姿勢確認をします。 6
ハイ
ハイ

●介護職は参加者の方に対し側面を見せるように座り、正しい姿勢の見本を見せる。ほかのスタッフに参加者の姿勢を確認してもらう。

2「て・づ・く・り・ハ・ン・バー・ガー」を歌う

では、やってみましょう。両手を広げ、手をたたきながら大きく口を開けて歌います。 7 8
♫ て・づ・く・り・ハ・ン・バー・ガー ♪
9

●ゆっくり一語一語、区切って口の周辺筋肉を大きく動かす意識で行なう（声帯周辺の筋肉強化）。

人数	10～15人		
道具	無し		
姿勢	座位		
所要時間	10～15分	回数	3回
ここに効く	口輪筋／嚥下能力（誤嚥性肺炎の予防）		

●お顔の若返り体操です。
●両手でお顔をハンバーガーのようにグイッと挟みます。その表情に思わず笑い声。健康と美容のためならがんばります。
●表情筋や口輪筋等を刺激し、脳を活性化。

3 自分の顔をハンバーグに

『手作りハンバーガー』作詞・作曲／伊藤利雄

POINT
●「おいしそうなハンバーガーを作りましたね」「○○さんのすてきなお顔をみなさんに見せていただけないでしょうか」など、見本になっていただけそうな方がいたら声をかけてみましょう。その際は○○さんへの同意とほかのみなさんからの温かい拍手を忘れずに。会場全体のモチベーションも倍増です。

流れが詳しくわかるシナリオへ

第1章 3 【シナリオ】 詳しくわかるシナリオ編

手作りハンバーガー

	トッシー(介護職…進行役)の声かけ	参加者の行動・反応	備考・ポイント
			※「補聴器の装着」については P.10 を参照
1	お顔と脳の若返り体操をします。特に女性の方は、より若く美しく、男性の方はよりカッコよく。そして、何よりも心と体が健康になっていただくためのものです。 お顔は、いろいろな筋肉でできています。例えば、人の表情を作る表情筋や、ご飯を食べるときに食べ物が口から外に出ないようにする口輪筋など、さまざまな筋肉でできています。 お顔の筋肉が弱くなってくると。「たるんだり」「緩んだり」して、年齢以上に老けて見えたりします。また、お口回りの筋肉も緩みますから、ご飯も、食事中にポロポロと口から出てしまうことだってあります。 お顔の筋肉を鍛えることは若さだけでなく、お食事にも関係してきます。ですから、必然的に健康度もアップするわけです。	(ニッコリ笑顔)	「お顔の筋肉が弱くなってくるとどうなりますか」などと質問することで、「しわになる」「たるむ」などの返答があり、コミュニケーションが図れる。参加者の参加意欲を向上させていく。
2	これから、みなさんのお顔を使って「手作りハンバーガー」という体操をしたいと思います。みなさん、ご存じだと思いますが、ハンバーガーというのは、ハンバーグをパンで挟み込んだもので、子どもから大人まで人気の食べ物です。		
3	みなさんやスタッフで、ハンバーガーが好きな方はおられますか?	「ハイ」と挙手(数人)	スタッフも巻き込むことで、全体のモチベーションを上げる。
4	最近は、いろいろな種類のハンバーガーがありますが、どんなハンバーガーを知っていますか?	「アボカドバーガー」 「きんぴらバーガー」	参加者から出てこない場合も想定し、スタッフに事前に声かけをしておくとよい。次への流れがスムーズになり、参加者のモチベーションも上がる。
5	そろそろお昼時ということもあり、本当に食べたくなってきました(おなかを触る)。	(ニッコリ笑顔)	お昼前・おやつ前であれば口腔・嚥下体操として利用できる。
6	まず姿勢確認をします。(※ 52 ページ左下「姿勢確認」イラスト参照) 最初に背筋を伸ばします。このとき、イスにもたれないようにしてください。次に、前を向き、あごを引きます。背筋と股関節の角度が 90 度。膝関節の角度が 90 度。足関節が 90 度で、足底を床に着けてください。こうすることで呼吸も楽になり声も出しやすくなります。		
7	それでは僕が一度やってみますので見ていてください。 最初に、両手を広げ、手をたたきながら大きく口を開けて歌います。 歌「て・づ・く・り・ハ・ン・バー・ガー」		このときに、すでにいっしょにやっていたら、そのまま続ける。全体の理解度を見ながら行なう。
8	それでは、みなさんもごいっしょに。 両手を広げて。 歌「て・づ・く・り・ハ・ン・バー・ガー」 ありがとうございました。		
9	手をたたきながら、リズムに合わせ、歌うという、2 つ以上のことを同時することは、脳の活性化に効果的といわれています。 それと同時に、声帯周辺の筋肉を刺激しますので、お口から喉にかけての筋肉が柔軟になり、食事の際の、飲み込みがスムーズになります。食事の際、食べ物が気管支に誤って入ってしまい肺炎を起こすこともあります。そうならないための体操でもあります。		効果を参加者に知らせることで、少しでも意識してやっていただくための説明(認知症予防にも)。 誤嚥性肺炎の予防。
10	次に、自分の顔をハンバーグだと思ってください(顔を指さす)。 そして、両手をパンにして、自分の顔を(両手を広げ参加者に見せる)グイッと挟みます(挟むマネ)。これで、ハンバーグが完成です。そして、5 秒間そのままです。		
11	それでは、僕が気合を入れてやってみます。みなさん、よく見ていてください。		

12	グイッ（大胆に挟み込み、おもしろい表情で笑いを取る）。 たくさんの「笑い」をありがとうございました。気合をいれてやったかいがあります。	（笑い）	
13	こうすることで、お顔の筋肉を刺激し血流を促します。血流がよくなると、表情も明るいイメージになります。 そして、何よりみなさんの笑いが最高の脳とお顔の若返りの元になります。笑いはストレスを軽減し、免疫システム細胞を強化すると聞きます。笑うごとに、みなさんの健康寿命が延びると思いますよ。		参加者に効果を伝え、モチベーションを上げる。
14	それではみなさんもごいっしょに、やってみましょう。 イチ、二の「グイッ」。		
15	「1・2・3・4・5」（介護職が数を数える）。		
16	ありがとうございました。みなさんの美しいお顔がより美しく見えてきました。5 歳は若返ったようです。あと 2 回やったら 10 歳若返るかもしれませんよ。	（笑い）	
17	それでは、もう一度最初から続けてやってみましょう。 両手を広げて。 歌「て・づ・く・り・ハ・ン・バー・ガー」 「グイッ」 そのままで「1・2・3・4・5」（介護職が数える）。 ありがとうございました。みなさんのお顔が、先ほどよりも 10 歳ほど、若く見えてきました。	（笑い） （笑い）	参加者といっしょに行なう。
18	それでは、ここでスタッフにやってもらうというのは、いかがでしょうか。 スタッフも突然ふられて心の準備ができていないと思いますが、みなさんの拍手があればきっとやってくれると思いますよ。 スタッフの C さんいかがでしょうか。		このときにしぜんに参加者から、拍手や「そーれ」「そーれ」など、声を出して盛り上げてもらえると、全体のモチベーションも上がりより楽しいものになる。
19	それでは、みなさん盛大な拍手をお願いします。 みなさんの熱い声援もあります、スタッフの C さん、お願いできますでしょうか。		
20	スタッフ C「やるから、見ててネ」 それでは、みなさんもいっしょに歌って盛り上げていただきましょう。	拍手	
21	歌「て・づ・く・り・ハ・ン・バー・ガー」 「グイッ」。 そのままで 5 秒です。 ハイ、OK です。 スタッフ C さんの美しいお顔がより美しくなってきましたよ。ありがとうございました。 みなさんそれでは、スタッフの C さんにもう一度盛大な拍手をお願いします。	いっしょに歌う。 （笑い） 拍手と笑い。	わざとおもしろい顔をして参加者の笑いを取る（スタッフと事前に打ち合わせをしておく）。
22	みなさんの笑顔こそが若返りにいちばんです。今日はみなさん大いに笑って楽しみましょう。それではみなさん、あと 2 回やってみましょう。1 回やるたびに 5 歳ほど若返りますから、2 回やるとみなさん 20 歳ですよ。 それではみなさん続けてやってみましょう。	（笑い）	
23	ありがとうございました。僕からみなさんの笑顔に拍手です（パチ・パチ・パチ）。みなさんのお顔が、本当に 20 歳のように見えてきました。 H さん（参加者）の「ハンバーガーのお顔」がとってもおいしそうでしたので、みなさんに見せていただけないでしょうか。 H さんのすてきなお顔に拍手。 それではみなさんごいっしょに歌ってください。	いっしょに歌いニコニコ笑顔で「5」を数える。	場の雰囲気を見ながら、やってくれそうな参加者を指名する。全員の参加意欲を高める。

第1章
顔をほぐすと若返る！
4
【流れ】

ビジュアルでわかる流れ編

ほほをつまんで顔周辺の筋肉を刺激！

フランスパン

＊両手でほほをつまんだら、ほら、フランスパン！

※ 1 などのせりふはP.22-23「詳しくわかるシナリオ編」で掲載

ここから！

1 どんなパンがお好き？

1
パンがお好きな方は、手を挙げてください。2
どんなパンがお好きですか。3
僕もアンパンは大好物。今から「フランスパン」という若返り体操をしたいと思います。4 5
アンパン
ジャムパン
6

2 こんな効果があるんですよ！

7 8
…脳の活性化に効果的。
…食事の際の飲み込みがスムーズに。
…お顔周辺の筋肉を刺激します。
9 ～ 11
いいわね
そうなんだ
フムフム

人数	10～15人
道具	無し
姿勢	座位
所要時間	10～15分
回数	3回
ここに効く	声帯周辺の筋肉強化／認知症予防／誤嚥性肺炎の予防／笑顔（対人関係能力）／脳が元気に（脳の活性化）

- お顔の若返り体操です。
- 自分のお顔を「フランスパン」のように長くしましょう。
- どなたのパンかいちばん長くなるでしょうか。ハイ、どうぞ。
- 表情筋や口輪筋等を刺激し脳の活性化を図ります。

3 わたしの顔がフランスパン

歌「ア・ン・パ・ン」「ジャ・ム・パ・ン」「フ・ラ・ン・ス・パ・ン」

両手で自分のほほを引っ張ってください。このまま「5」数えます。16

18 19

「フランスパン」
作詞・作曲／伊藤利雄

POINT

- 食べたご飯が口からこぼれないようにするために「アンパン・ジャムパン・フランスパン」の言葉を言うときには、口を「大きく開け」「しっかり閉じる」を意識してやってみましょう。
- 口輪筋及びあごの関節周辺などの筋肉を柔軟にすることで、口腔・嚥下機能の向上を図ります。

流れが詳しくわかるシナリオへ

フランスパン

※「補聴器の装着」についてはP.10を参照

	トッシー（介護職…進行役）の声かけ	参加者の行動・反応	備考・ポイント
1	きょうはお顔の筋力を動かしますよー！		
2	ところでみなさん、パンはお好きでしょうか。パンがお好きな方は、手を挙げてください。	「ハイ」と挙手（数人）	スタッフも巻き込むことで、全体の参加意欲を高める。
3	ちなみに、どんなパンがお好きですか。	「アンパン」 「ジャムパン」 「クリームパン」	参加者から出てこない場合も想定し、スタッフに事前に声かけをしておくとよいでしょう。次への流れがスムーズになり、参加者の参加意欲も高まる。
4	アンパンもジャムパンもクリームパンも本当においしいですね。 実は、僕もパンが大好きで、中でもアンパンは大好物です。思い浮かべただけで食べたくなってしまいます。	（共感）	
5	それでは、パン好き仲間のみなさんといっしょに、今から「フランスパン」という若返り体操をしたいと思います。		
6	一般的に、フランスパンはアンパンやジャムパンと違って形がとても、ながーく（長く）なっています。この、ながーい（長い）形をお顔で表現していただく体操です。 それでは始めたいと思います。		
7	まず、姿勢確認をします。（※52ページ左下「姿勢確認」イラスト参照） 最初に背筋を伸ばします。このとき、イスにもたれないようにしましょう。次に、前を向きあごを引きます。背筋と股関節の角度が90度。膝関節の角度が90度。足関節が90度で、足底を床に着けてください。こうすることで呼吸も楽になり声も出しやすくなります。		●介護職は参加者の方に対し側面を見せるように座り、正しい姿勢の見本を見せる。 ●ほかのスタッフに参加者の姿勢を確認してもらう。
8	それでは、僕が一度やってみますので、見ていてください。 両手を広げ、リズムに合わせ、手をたたきながら大きく口を開け、次のように歌います。 歌「ア・ン・パ・ン」「ジャ・ム・パ・ン」「フ・ラ・ン・ス・パ・ン」	このときに、すでにいっしょにやっているようなら、そのまま続けて行なう。全体の理解度を見ながら進める。	ゆっくり一語一語、区切って口の周辺筋肉を大きく動かす意識で行なう（声帯周辺の筋肉強化）。
9	手をたたきながらリズムに合わせ歌うという、2つ以上のことを同時することは、脳の活性化に効果的といわれています。		効果を参加者に知らせることで、少しでも意識してやっていただく（認知症予防にも）。
10	それと同時に、声帯周辺の筋肉を刺激しますので、お口から喉にかけての筋肉が柔軟になり、食事の際の飲み込みがスムーズになります。食事の際、食べ物が気管支に誤って入ってしまい肺炎を起こすこともあります。そうならないための体操でもあります。		誤嚥性肺炎の予防。
11	歌い終わった後に、両手でほほをつまんでフランスパンのようにお口が長くなるように引っ張ります。 これによってお顔周辺の筋肉を刺激します。		

12	やってみます。笑わないでくださいね。 「グイッ」(わざとおもしろい顔をして笑いを誘うように、両手で引っ張る)	(笑い)	わざとおもしろい顔をして参加者の笑いを取る。
13	そして、このままの状態で、「5」数えます。 「1・2・3・4・5」(介護職が数を数える)		
14	それでは、僕といっしょにやってみましょう。		
15	両手を広げ、手をたたきながら歌います。 せーのー。 歌「ア・ン・パ・ン」「ジャ・ム・パ・ン」「フ・ラ・ン・ス・パ・ン」	(笑い)	声を出す際には、できるだけ大きな声ではっきりと発音するように言う。声帯周辺の筋肉を刺激することで口腔・嚥下機能の向上に効果的。
16	両手で自分のほほを引っ張ってください。 このまま「5」数えます。	(笑い)	表情筋や口輪筋等の筋肉を刺激し血流を促す。引っ張りすぎに注意。
17	「1・2・3・4・5」 ハイ、OKです。ありがとうございました。		
18	こうすることで、お顔の筋肉を刺激し血流を促します。血流がよくなると、表情も明るいイメージになります。みなさんの美しいお顔がより美しく見えてきました。5歳は若返ったようですよ。	(ニッコリ笑顔)	
19	そして、何よりみなさんの笑いが最高の脳とお顔の若返りのもとになります。笑いはストレスを軽減し、免疫システム細胞を強化すると聞きます。笑うごとに、みなさんの健康寿命が延びていると思いますよ。	(繰り返し楽しむ)	

第1章
顔をほぐすと若返る！
5
【流れ】

ビジュアルでわかる流れ編

「自分の笑い」を創造して表情の若返り！

地球の子

＊みんなのオリジナル笑いで一体感を得る

※ 1 などのせりふはP.26-27「詳しくわかるシナリオ編」で掲載

ここから！

1 みんな同じ地球に生まれた「地球の子」

1 ～ 3

地球には…どんな人が住んでいますか？ 4 5
フランス人
イギリス人
みなさんも僕も、同じ地球に生まれた「地球の子」。そんな体操をします。 6 7

2 歌をうたいましょう

それではうたいましょう。 8

そらと、うみと、たいようと

…ワ・ハ・ハ、ワ・ハ・ハ、わらいましょう 9

人　数	1人～複数
道　具	無し
姿　勢	座位
所要時間	15～20分
回　数	3回
ここに効く	表情の若返り／対人関係能力の向上／声帯周辺の筋肉強化／嚥下能力（誤嚥性肺炎の予防）

●私たちは、みんな地球に生まれた「地球の子」。
●「わはは」「わはは」笑い合えばみんな友達。対人関係能力の改善に効果抜群の体操です。心身共に元気になりますよ。
●脳の活性化に最適な口腔・嚥下体操です。

3 自分で考えた笑い声と身ぶりは？

では次に、今からトッシーが考えた笑い声と身ぶりをします。 10

①ワ・ハ・ハの エ・ヘ・ヘ

②「パ・パ・パの カ・カ・カ」

③「イ・ヒ・ヒの オ・ホ・ホ」

11 ～ 13

④「わらいましょう」

パン
パン
パン

今度はみなさんひとりひとりに笑ってもらいます。Tさんからお願いします。

みなさんは、Tさんのまねをしてください。 14 ～ 17

18 ～ 20

●目をつぶって寝ているように見える参加者の方も、実はしっかりと聞いていて、自分の番になると自分で考えた笑い方で「オ・ホ・ホ」などと笑うのです。

そらと うみと たいようと
ぼくらはみんな
ちきゅうのこ
ワハハ ワハハ
わらいましょ
ワハハ ワハハ
わらいましょ

『地球の子』作詞・作曲／伊藤利雄

POINT

●人数や時間により、個々の笑いを数人単位（3～5人）で行なう方法もあります。
●「うぇ～ん、うぇ～ん、にゃ」と泣きまねをしたあとにニッコリ笑顔をするなど、独創性を発揮する参加者などが続出。
●寝ているように見えた認知症の方も、自分の番になると突然目を開き、「わはは」と笑い声をするなどが見られます。

流れが詳しくわかるシナリオへ

詳しくわかるシナリオ編

地球の子

	トッシー（介護職…進行役）の声かけ	 参加者の行動・反応	備考・ポイント ※「補聴器の装着」についてはP.10を参照
1	私たちの脳は、筋肉と同じでトレーニングすれば鍛えることができます。でも、使わなければどんどん衰えていきます。		効果を知らせ、モチベーションを高める。
2	ですから、今からいっぱい楽しく頭を使って、脳の若返りをしたいと思います。その前に、トレーニングをする「頭」を、僕といっしょに押さえてみましょう。意識することで効果も違ってくると思います。では、頭の上に両手を添えます。そして、このまま「10」を数えましょう。	介護職のまねをして頭を押える。	
3	「1・2・3…10」 ハイ、ありがとうございました。	いっしょに数える。	このときに参加者の参加意欲・片麻痺の状態・理解度など状況を見る。
4	それでは、今から「地球の子」という体操をしたいと思います。みなさんも僕も、この地球で生まれ、育ちました。地球にはさまざまな人が住んでいます。色の黒い人・白い人、背の高い人・低い人、足の早い人・遅い人、日本人にアメリカ人。ほかにはどんな人が住んでいますか？	「フランス人」 「イギリス人」など	スタッフに事前に知らせておき、参加者から出なければ、スタッフに言ってもらうように打ち合わせをしておく。
5	そうですね。 ほかにも、みなさんのようにきれいな女性や格好よい男性が住んでいます。国境や、肌の違い言葉の違いはありますが、みんな「地球の子」です。	（ニッコリ笑顔）	
6	ここに参加されているみなさんも僕も、同じ地球に生まれた「地球の子」で、いわば「仲間です」。今、この場所ですてきな仲間に出会えたことに「拍手」です。そんな思いを「地球の子」という体操にしてみました。		●同じ仲間という意識になってもらい、対人関係能力の向上につなげる（社会的孤立・ストレス・無気力が脳の老化に影響を与えるといわれているため）。 ●効果を伝え、参加者のモチベーションを高める。
7	まず、姿勢確認をします。（※52ページ左下「姿勢確認」イラスト参照） 最初に、背筋を伸ばします。このとき、イスにもたれないようにしてください。次に、前を向き、あごを引きます。背筋と股関節の角度が90度。足関節が90度で、足底を床に着けてください。こうすることで呼吸も楽になり声も出しやすくなります。		
8	それでは最初に、僕とスタッフでやってみます。よろしかったら、いっしょにやってみましょう。		
9	それでは始めたいと思います（最初に、歌詞を下記のように区切って、介護職が「コーリング」をし、その後をスタッフと共に歌う）。 ①「そらと、うみと、たいようと」…リズムに合わせ手をたたく。 ②「ぼくらはみんな、ちきゅうのこ」…リズムに合わせ手をたたく。 ③「ワ・ハ・ハ、ワ・ハ・ハ、わらいましょう」（2回繰り返す）…リズムに合わせ手をたたく。	介護職の「コーリング※」の後、トッシーと共に左記①～③の歌と振りを行なう。	
10	ありがとうございました。では次に、今から僕が考えた笑い声と身ぶりをします。これは、後でスタッフにまねをしてもらいます。 ①「ワ・ハ・ハのエ・ヘ・ヘ」 ②「パ・パ・パのカ・カ・カ」	介護職の笑い声と身ぶりをまねする。	

※コーリング…人生の経験値がある高齢者は、一度歌を聞くと、その経験値ですぐに自分も歌うことができる。それを促すために初めに歌って聞かせること。本書では、ほかの体操でも同様にコーリングを活用している

10
③「イ・ヒ・ヒのオ・ホ・ホ」
④「わらいましょう」（リズムに合わせ3回手をたたく）

●ゆっくりと1語1語を区切って、口の周辺筋肉を大きく動かす意識で行なうようにする（声帯周辺の筋肉強化）。
●声を出すことで喉や口の動きが滑らかになり、唾液も出やすくなるので、食べ物の飲み込むための嚥下機能も向上する。
●効果を伝えモチベーションを高める。

11
ありがとうございました。みなさんも、自分の笑い方を考えて笑いましょう。創造し、それを身体で表現するという行為は、脳をとても元気にし、心と体を健康にしてくれます。

（ニッコリ笑顔）

12
さあ、スタッフにいっしょにやってもらいます。「〇〇さんどうぞ」と僕が声をかけた後に、〇〇さんが自分で考えた笑い声と身ぶりをプラスして行なってくださいね。
みなさんもまねしてみてください。

13
（再び【9】をした後、【10】の①〜③を介護職とスタッフが行なう）
（介護職）「〇〇さんどうぞ」
（スタッフ）「エ・ヘ・ヘのウ・フ・フ」（身ぶりと笑い声で表現）
（介護職とスタッフ）「わらいましょう」（リズムに合わせ3回手をたたく）

スタッフのまねをして笑う（身ぶりと共に）。

14
みなさん、すてきな笑いをありがとうございました。今度はみなさんひとりひとりに笑ってもらいます。よろしいでしょうか。

15
それでは、右側の先頭の方と、左側の先頭の方が代表でジャンケンをして、負けた方からやっていただくというのはいかがでしょうか。よければ拍手をしていただけますでしようか。

拍手をする。

16
ありがとうございます。それでは、始めたいと思います。最初に、（参加者）Tさんから順に行ないます。僕といっしょにさきほどの歌とふりを行ないます（【9】の①〜③）。次に、僕がTさんの前に行き、両手を広げ、「どうぞ」と声をかけます。声をかけられたTさんは自分で考えた笑いと振り付けで表現します。

17
（再び【9】をした後、【10】の①〜③を全員で行なう）
（介護職）「Tさんどうぞ」
（Aさん）「オ・ホ・ホのハ・ハ・ハ」（リズムに合わせ身ぶりと笑いで表現）
みなさんは、Tさんのまねをしてください。
（介護職）「わらいましょう」（リズムに合わせ3回手をたたく）

全員、参加者Tさんのまねをする。

●創造力と表現力が脳を健康にする。
●共感関係を大切にする。
●孤立させず、対人関係を改善する。

18
（次はジャンケンで勝った参加者Uさんで同様に行なう。ほかの参加者も同様に行なっていく）

19
ありがとうございました。最後はみなさんといっしょに全員で元気よく笑いましょう。みなさん、好きなように笑ってください。
それでは、1・2の3、ハイ。「ワッ・ハ・ハ」

（ニッコリ笑顔）

全員で笑う。

20
「笑い」は免疫力を上げるると聞きます。笑うごとに、みなさんの健康寿命が延びていると思いますので、今日1日で20歳は若返りましたよ（冗談）。
みなさんの笑いにたくさん元気をもらった僕です。ありがとう、ございました（拍手）。

（ニッコリ笑顔）

第2章　手指・足指…頭も動く！

1【流れ】

ビジュアルでわかる流れ編

手・指（脳の活性化）で笑顔いっぱい！

手巻き寿司

＊新聞紙を海苔に見たてて楽しい寿司作り

※ 1 などのせりふはP.30-31「詳しくわかるシナリオ編」で掲載

ここから！

1 寿司の話題を投げかける

1 ～ 3
お寿司が好きな方は？　何が好き？
4 ～ 6
新聞紙を使い、「手巻き寿司」をしたいと思います 7
カンピョウが好き！

●始める前に効果を説明するのもよい。 8

●参加者に人気の上位のお寿司は「カンピョウ巻き」？

2 海苔《のり》にご飯とネタを乗せる

9　10

手巻き寿司の「海苔」にご飯を乗せて、次に好きな具を乗せていきます
11 ～ 16
楽しいね
お寿司が食べたくなってくるね
→
半分に折る

人　数	1人～複数
道　具	新聞紙
姿　勢	座位
所要時間	20分程度
回　数	3回
ここに効く	手・指の巧みさ(巧緻性)／手首の柔軟性／握力／笑顔(対人関係能力)／脳が元気に(脳の活性化)

●オリジナル手巻き寿司を作りましょう。
●脳の活性化と手指の巧緻性《こうちせい》（巧みさ）が増します。
●だれもが好きなお寿司。「マグロ」「エビ」「イクラ」など、好きな寿司ネタを出し合うだけで参加者のモチベーションが上がります。

3 海苔を巻く

手をたたきながら「て・ま・き・ず・し」と大きく声を出し、「ハッ！」と言った後に、新聞紙を丸めます。
できたら頭の上に。早く巻けたら勝ちですよ。
…せーのっ！ 17

●初めに寿司の作り方と取り組みのルールをまとめて説明してもよいし、寿司ができてから、取り組みの直前にルールを説明してもよい。

●新聞紙は縦置きでも横置きでも OK
●縦にして丸める範囲を広げるほうがより効果がある。

横置き

縦置き

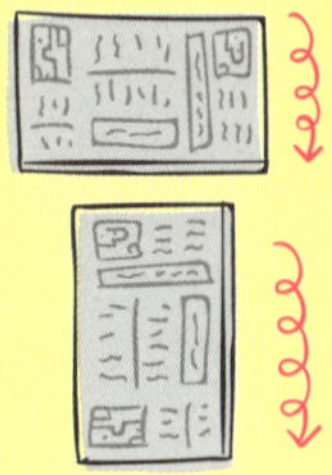

て・ま・き・ず・し！

ハッ！

先にできた方もいっしょに、終わってない方を応援しましょう 18

うまくできたわー！
あなたのはどう？

19 ～ 24 ひとりひとりの自信につながるように！

『手巻き寿司』
作詞・作曲／伊藤利雄

POINT
●「○○さん早い！　すごいですね」「○○さん、じょうず！」など、ひとりひとりを大切にした声かけが、場を温かくします。
●巻き終えたお寿司（新聞）を頭上だけでなく、胸の前などに変えると上肢筋群がより活性化され楽しさも倍増します。
●だれのお寿司がじょうずに巻けたかを競い合っても楽しいでしょう。何かをやり遂げたときの満足感や喜びを感じるように！

流れが詳しくわかるシナリオへ

手巻き寿司

※「補聴器の装着」についてはP.10を参照

	トッシー(介護職…進行役)の声かけ	参加者の行動・反応	備考・ポイント
1	みなさんこんにちは。今日もみなさんといっしょに元気・元気になるレクリエーションをいっぱい用意してきましたので、楽しみましょう。	介護職を前にコの字方になりイスに座ってもらう。	
2	それでは。今から新聞紙を使ったレクリエーションをしたいと思います。新聞紙を配っていただけますでしょうか。	介護職やスタッフから広げた状態の新聞紙を受け取る。	新聞紙はひとり1枚。
3	もらった方は、大きく広げた状態でひざの上に置いていただき、待っていてください。		
4	みなさんの中で、お寿司が好きな方。手を上げてください。	「ハイ」	
5	お寿司が好きな方が多いということがよくわかりました。嫌いな方が多かったらどうしょうと思ったのですが、安心しました。	(笑い)	
6	ちなみに、お寿司で何が好きですか。	「マグロ」「カンピョウ」(数人)、「稲荷(いなり)」など	「カンピョウ」は乾物のひとつで、ユウガオの実をひも状に割いて干したもの。
7	それでは今から、お手元にある新聞紙を使い、「手巻き寿司」をしたいと思います。		
8	その前に、このレクが身体のどこに効くのかというと、脳と手に効きます。特に「脳が若返る遊び」ですよ。僕といっしょに手でご自分の頭に触れて手を広げてみましょう。準備体操も兼ねてやってみましょう。意識するだけで効果も違ってきますよ。	介護職のまねをして頭と押さえ両手を広げたり握ったりする。	効果を伝えて参加者のモチベーションを上げる。
9	それでは、今からみなさんといっしょにおいしい「手巻き寿司」を作って食べたいと思います。といっても、本物のお寿司ではありません。ここにある新聞紙をお寿司の海苔に見たて、まねっこで作ります。		
10	最初に、僕とスタッフとで遊び方の見本を見せますので、見ていてください。	イスに座って向かい合う。	参加者の前に出てイスに座って行なう。
11	①ひざに置いてある新聞紙を半分におり、ひざの上に置きます。これが、海苔巻の海苔になります(新聞を両手で広げるようになでる)。 ②次に「海苔」の上にお寿司の「ご飯」をペタペタペタと敷きます(両手で上下にひざに乗せた海苔にペタペタペタとする)。 ③次に、好きなネタを乗せます。中に入れるネタはなんでもかまいません。まねっこですからマグロでもエビでもカンピョウでも、自分の好きなものをジャンジャン。ちなみに僕は、大トロを乗せます(まね)。 ④ちなみに僕は、「大トロ」と「タコ」と「エビ」を乗せました(両手で乗せるまねをする)。 ⑤スタッフは何を乗せましたか。「タマゴ」……謙虚な人ですね。まねっこですからジャンジャン乗せましょうよ。 ⑥これで準備は完了。 ⑦ここからが勝負です。 ⑧リズムに合わせ、手をたたきながら「て・ま・き・ず・し」と大きく声を出して歌った後に、新聞紙(海苔)の端を両手で持ち、クルクルと丸めてください。丸め終ったら頭の上にあげてください。早く巻けた方が勝ちというレクです。 ⑨スタッフと僕で一度やってみますね。みなさん応援してくださね。 ⑩せーの一で(最初のリズム取り)……「て・ま・き・ず・し」。巻きますよ。 ⑪クルクルクルクル…… ⑫巻き終わったら頭の上にあげます。	③(笑い) ⑤(笑い)	

⑬この勝負、僕の勝ち。ご飯のことなら夢中になる僕です。
歌いながら手をたたくというように、2つ以上のことを同時に行なうと脳が活性化されます。脳と手指とはとても関係が深いので、脳がより活性化されます。指先を使う仕事の人は長生きの人が多いと聞きます。まさにやるほどに若返るという、とってもスーパーなレクですよ。

12 それでは、みなさんやってみましょう。

13 ①お手元にある新聞紙を半分に折ってひざの上に乗せてください。両手で広げてシワを伸ばしてください。これが手巻き寿司の「海苔」になります。
②次に「海苔」の上にお寿司の「ご飯」をペタペタペタペと敷く（両手で上下にひざに乗せたのりにペタペタペタペタとする）。
③好きな具を乗せます（「イカ」に「マグロ」に「アジ」と乗せるまね）。
④○○さんは何を乗せました？（比較的、元気な人を把握し尋ねてみる）
⑤おいしそうですね。
⑥ほかのみなさんも、乗せましたか。それではこれで準備完了です。

④「たまご」「きゅうり」

14 今から勝負ですよ。

15 新聞をひざに置いて。両手を広げてください。

16 背筋を伸ばして、手をたたきながら。大きく口を開け大きな声でリズムに合わせて「て・ま・き・ず・し」と言いますよ。その後、すぐに新聞をクルクルと丸めてください。だれがいちばん早く丸められるでしょうか。
ちなみに、優勝者には○○苑の施設長から豪華な賞品がもらえるかもしれませんよ。

（笑い）

17 せーのーで（最初のリズム取り）。「て・ま・き・ず・し」。
さぁ、丸めてください。

18 Eさん、がんばってください。
先にできた方もいっしょにEさんを応援しましょう。
Eさんがんばれ！
Eさんもう少しですよ！
Eさんも含め全員ができました。みなさんひとりひとりに拍手しましょう！
（全員ができた時点で、1回目終了）

●少しようすを見て、困っている方、片麻痺がある方・極端に遅い方のフォローをスタッフにしてもらう（Eさんのフォロー）。
●事前に片麻痺のある方の情報（参加者の情報）得ておき。スタッフにそばについていてもらい、片麻痺のある側を手で持ってやれるよう準備しておいてもらう。
●認知症がひどくスタッフの全面介助が必要とおもわれる方も参加し、触れることで、思わぬ「力」（残存能力）を発揮することがある。注意深く見ていく必要あり。また、みんなの声援を力に思わぬ力を発揮する方もいる。全員が「できる」を大切にすることで、次の展開も温かなものになる。スタッフに理解してもらい、応援してもらうように声かけをしておく。

19 それでは順位を発表します。第1位はFさん。2位はGさん。3位はIさん。それにしても、Fさんは早かったですね。スタッフよりも早かったですよ。すごい。と、いうことで優勝はFさんです。みなさん拍手をしましょう。Iさんの太巻き寿司はボリュームがあって食べごたえがありそうですね。食いしんぼうの僕にはもってこいです。

（ニッコリ笑顔）

（拍手）（笑い）

20 第2回戦を始めます。

（意欲満々の参加者）

21 みなさんやるほどに早くなっています。すごい。みなさんの脳も10歳くらい若返っているみたいですよ。
あと、3回くらいやったらみなさん30歳若返るかもしれませんね。

（ニッコリ笑顔）（笑い）

22 Eさんはさっきの倍の速さで巻いていましたし、巻き方もとっても細く巻けていましたね、いつでもお寿司屋さんで働けますね。

（ニッコリ笑顔）

23 最後の3回戦をします。優勝者は、竹の山のお寿司屋さん（地域のすし屋）で食べ放題です。もちろん、御代は○○苑の施設長さん持ちです（冗談）。

（笑い）

地域性のある言葉や事柄を入れていくことで、より共通の認識ができ参加意欲を高めていく＝地域の人たちが入所しているため。

24 今日はみなさんのやる気に圧倒されました。それに、脳も始める前と比べて30歳くらい若返ったような気がします。すごい。
僕からみなさんへ拍手です（ひとりひとりの自信につながるように）。

（意欲を出す）

次への意欲につながる最後の締めが大切。

ビジュアルでわかる流れ編

手指を巧みに使って新聞紙を落とさないで！

ぼうさん・ぼうさん

＊新聞紙の棒でお坊さん気分になりましょう

※ 1 などのせりふはP.34-35「詳しくわかるシナリオ編」で掲載

ここから！

1 取り組みの説明をする

「ぼうさん・ぼうさん」という遊びをします 1
「ぼうさん」は「棒」と「ぼう」（合掌のポーズのことで…） 2 3

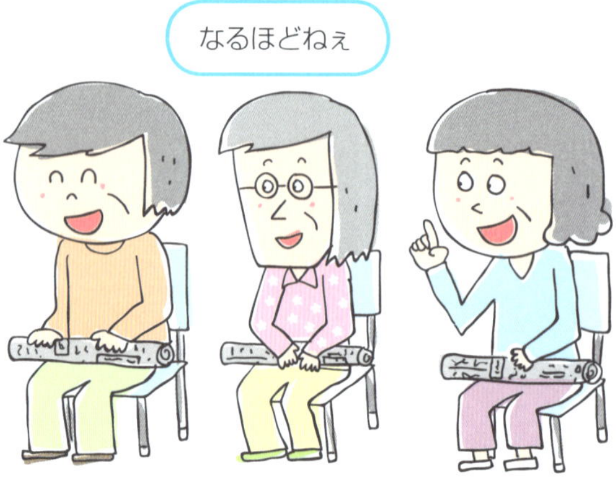
なるほどねぇ

●準備体操として、『グー・パー、チューリップ（手指編）』（P.36～39）を取り入れても楽しい。 4

5 ～ 7

2 新聞紙の棒を持ってお坊さん気分に

13

まず、新聞の棒の中央を両手で持ち、胸の前に真っすぐ… 14

●初めに自分が見本を見せてから始めてもよい。

8 ～ 12

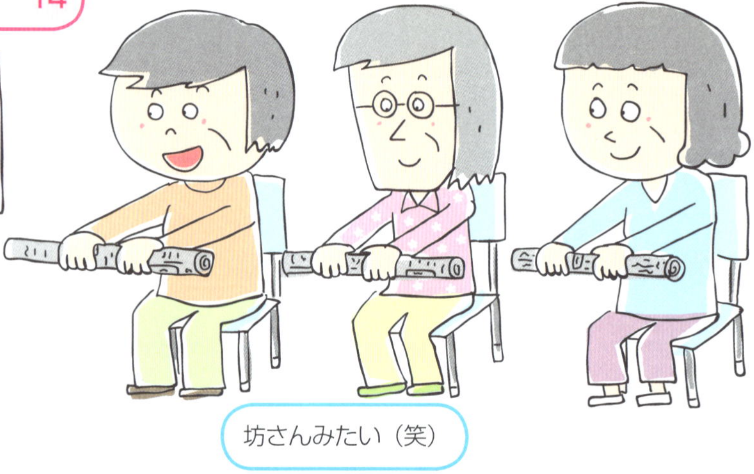
坊さんみたい（笑）

人　数	1人～複数
道　具	新聞紙
姿　勢	座位
所要時間	15分程度
回　数	3回
ここに効く	手指の巧みさ（巧緻性）の向上／バランス感覚の向上／脳の活性化

●「お坊さん」を題材にした、とてもリズミカルな、新聞紙を使った体操です。
●手指の巧みさを中心にさまざまな効果があります。
●愉快で楽しい、トッシーお勧めの体操です。

3『ぼうさん・ぼうさん』の歌をうたい握って離して

それではみなさん、
せーのーで…
15 16
♫ ぼうさん、ぼうさん、こぼうずさん
おてらの おしょさん、ありがとさん♪

歌いながら…片手ずつ新聞の棒を離しては握る…離したほうの手は、顔の高さくらいまで上げます。落したら負けですよ

ぼうさん、ぼうさん、こぼうずさん、おてらのおしょさん、ありがとさん

なかなかたいへんね
あっ、落としちゃった！

●状況を見て、３回程度続ける。
●さまざまなバリエーションを工夫してみるのもよい（シナリオ編の「実践のバリエーション」参照）。

17 ～ 23

『ぼうさん・ぼうさん』作詞・作曲／伊藤利雄

ぼう さん ぼう さん こぼう ずさん おてらのおしょさん ありがとさん

POINT

●とてもリズミカルでひょうきんな歌です。表情豊かにうたいましょう。
●入所すると、なかなか自分から手指を動かす機会やきっかけが減っていきます。これを機に、大きく左右の持ち手を動かし手指の運動機能の向上を図るよう促しましょう。スタッフの援助次第で、片麻痺の方もやる気満々になります。

流れが詳しくわかるシナリオへ

2【シナリオ】ぼうさん・ぼうさん

※「補聴器の装着」については P.10 を参照

	トッシー（介護職…進行役）の声かけ	参加者の行動・反応	備考・ポイント
1	お手元にある新聞紙の棒を使って、「ぼうさん・ぼうさん」という遊びをします。		
2	「ぼうさん」と言うのは「お坊さん」のことです。新聞紙で作った棒の「ぼう」（手で持つ）と、お坊さんの「ぼう」（警策《けいさく》）の言葉をひっかけた、歌あそびレクリエーションです。	「なるほどねぇ」（笑い）	
3	このレクリエーションは、みなさんの、脳の若返りと手や腕の力、それに「バランス力」「物との距離感」（空間認知能力）をアップさせます。		実際に頭と手を動かしながら表現する。
4	効果のある部位を準備体操も兼ねて、僕といっしょに押えたり動かしたりしましょう。意識するだけで効果も違ってきますよ。		準備体操として、『グー・パー、チューリップ（手指編）』（P.36～39）を取り入れても楽しい。
5	それでは、両手を頭に乗せましょう。次に、その手を広げて、腕を上下に動かしながらグッ・パ・グッ・パしましょう（P.36～39 参考）。		このときに、参加者の状況を把握する（身体状況・モチベーション など）。
6	あと 2 回繰り返しましょう。頭に乗せてグッ・パ・グッ・パ。頭に乗せてグッ・パ・グッ・パ。		
7	準備体操も終わりましたので、それではみなさん、張り切って始めましょう。		
8	最初に僕が見本を見せます、よく見ていてください。		
9	まず、新聞の棒の中央辺りを両手で持ち、胸の前に真っすぐ伸ばします。	初めてのこともトッシーの姿を見て意欲的に同時進行。	
10	次に、歌いながらリズムに合わせ、片手ずつ新聞の棒を離しては握ることを繰り返します。離したほうの手は、顔の高さくらいまで上げます。		顔の高さまで上げられる人は、次は頭の上など、できるだけ高くに上げてもらうようにする。
11	では、歌をうたいましょう。「ぼうさん、ぼうさん、こぼうずさん、おてらのおしょさん、ありがとさん」		
12	このときに棒を落とさないようにしてください。落したら負けです（落とすまねをしながら）。		
13	簡単な歌ですので、みなさんもいっしょに覚えて、うたいましょう。 覚える力もアップしますから、より脳が元気になりますよ。		※ 記銘力アップ！ ※記銘力＝新しく体験したことを記憶として覚える能力。
14	それでは、やってみましょう。 新聞の棒の中央辺りを両手で持ち、胸の前に真っすぐ伸ばします。	「坊さんみたい」（笑い）	
15	これで準備完了です。 それではみなさん、背筋を伸ばし、前を向き、大きく口を開け、声を出してやってみましょう。		口腔機能の向上。

16 せーの一で
歌「ぼうさん、ぼうさん、こぼうずさん、おてらのおしょさん、ありがとさん」

17 あれー。スタッフが落としてしまいました。

18 この勝負、「参加者のみなさんのチーム」の勝ち。拍手。

（バンザイ。（一体感が生まれ、次の進行もスムーズになる））

19 スタッフから、みなさんに、豪華商品があるかもしれませんよ。
そのときは本当に「ありがとさん」（合掌して）ですね。
それにしても、みなさんとてもおじょうずですね。だれも落とさずにできました。すごい。

（笑い）

20 もう一度やってみましょう。せーの一で
歌「ぼうさん、ぼうさん、こぼうずさん、おてらのおしょさん、ありがとさん」

21 すごい。みなさんやるほどに、じょうずにできるようになっていますね。脳も体もますます若返っているようです。

22 Jさんも10歳、若返ったようですよ。あと3回やったら20歳のお姉さん（お兄さん）になってしまいますね。
それでは、続けてやってみましょう（3回続ける）。
（※下記「実践のバリエーション」も参照）

（笑い）

23 みなさん本当にすごい。全員、落とさずにできましたね。僕からみなさんに拍手です。
パチ・パチ・パチ

（ニッコリ笑顔）

このとき、片麻痺のある方、目の不自由な方など「介助が必要な方」の情報を事前に確認しておき、スタッフにサポートしてもらう。
新聞が握れない方は、グッ・パの繰り返しで参加した例や、手の代わりに、足踏みをして参加した例もある。個々の状況に合わせ全員が参加できる方法を工夫する。

盛り上げ方法のひとつとして、事前にスタッフと打ち合わせをして、スタッフに意図的に失敗してもらうのもよい。緊張ぎみの参加者も、ホッとひと息つける。実際に若いスタッフが実践中に落とすことが偶然あり、会場全体の雰囲気も柔らかくなり、その場が和やかな雰囲気になった経験がある。それをきっかけに、その後も楽しく取り組むことができた。一度、試してみては。

肩回りの筋肉・大胸筋の張りが出てくる。終わった後に、肩回りの筋肉をほぐす体操などを取り入れるとより効果的。

次への意欲につなげる。

実践のバリエーション

22 持つ位置を変化①「バランス力の強化」

新聞の棒の端を両手で持つパターン（左右の端でやってみる）。より、バランス力が要求される。

22 持つ位置を変化②「注意力の強化の強化」

新聞の両端を、両手を広げて持つパターン。胸郭を広げ、パターンを変化させることで注意力の強化を図る。

22 スピードの変化編

「それでは皆さんがもっと元気になっていただくために、今度は少しスピードを早くします。ついてきてくださいね」と言って、スピードを上げていく。

第2章
手指・足指…頭も動く！
3
【流れ】

ビジュアルでわかる流れ編

グー・パー遊びで脳を活性化！

グー・パー・チューリップ（手指編）

※足指編（P.40〜43）と
合わせて取り組みましょう

＊『チューリップ』をグー・パーで表現

※ 1 などのせりふはP.38-39「詳しくわかるシナリオ編」で掲載

ここから！

1 春に咲く花といえば？

1
春に咲く花といえば何がありますか？ 2
サクラ
タンポポ
チューリップ
今日は「チューリップ」を題材にした体操をします。 3

2 こんな効果があるんですよ！

4 5
『チューリップ』の歌（作詞／近藤宮子・日本教育音楽協会・作曲／井上武士）を、手指を動かしながらうたってみましょう。
6
それは、いいなぁ！
そうか
脳の若返りに効果的です。
7

人　数	1人～複数		
道　具	無し		
姿　勢	座位		
所要時間	15～20分	回　数	3回
ここに効く	手・指の巧みさ（巧緻性）／冷え性の予防／脳の若返り／声帯周辺の筋肉の強化／上肢筋群の活性化		

●だれもが知っている『チューリップ』の歌です。

●天気のよい日は窓を開け、「グー・パー・チューリップ」で楽しんでください。

●手指の巧みさ（巧緻性）の向上と脳の活性化を図る体操です。

3 チューリップを咲かせましょう

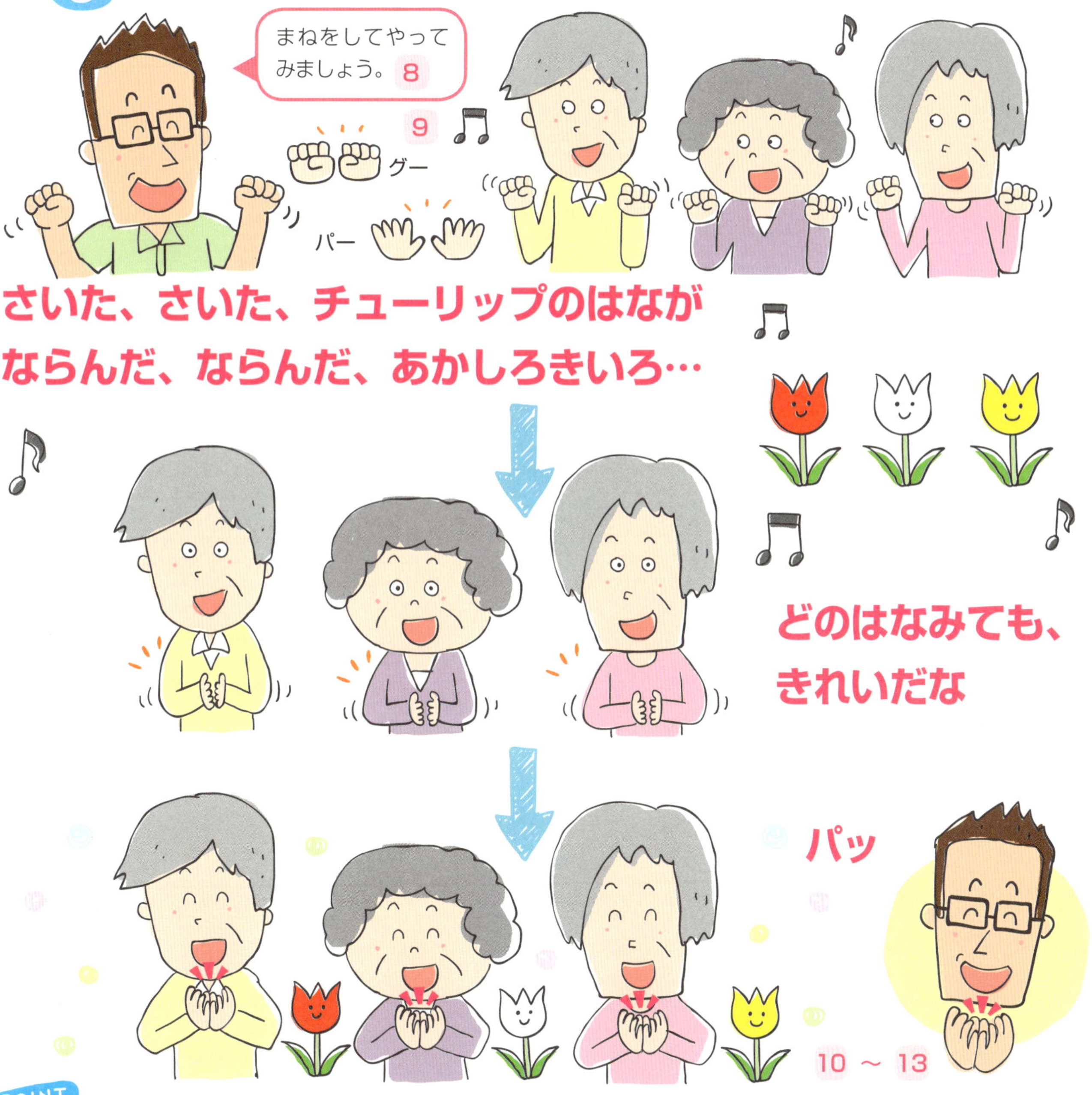
まねをしてやってみましょう。8
9
グー
パー
さいた、さいた、チューリップのはなが
ならんだ、ならんだ、あかしろきいろ…
どのはなみても、
きれいだな
パッ
10 ～ 13

POINT

●最初の「グー・パー・グー・パー・グー・パー・グー・パー」のリズム取りが肝心。状況を見つつスピードコントロールをしましょう。

●みんなといっしょに「できた」という小さな達成感を味わいやすい体操です。それだけでも、脳をとても元気にしてくれます。

流れが詳しくわかるシナリオへ

第2章 詳しくわかるシナリオ編

3【シナリオ】グー・パー・チューリップ（手指編）

	トッシー（介護職…進行役）の声かけ	参加者の行動・反応	備考・ポイント
1	脳も筋肉と同じで、使わないと衰えていきます。今から、手指を使い脳の活性化をする体操をしたいと思います。		※「補聴器の装着」についてはP.10を参照
2	みなさん、春に咲く花といえば何がありますか？	「サクラ」 「タンポポ」 「チューリップ」 ほか	回想法の題材として有効。子どものころにうたった歌や遊びなどの話を聞く中で、参加者同士で共感したり話が膨らんだりすることが多々ある。全体の参加意欲の向上にもつながる。このときの導入を大切にすることで、その後の進行がスムーズで温かいものになる。
3	ありがとうございます。今日はその中で「チューリップ」を題材にした体操をします。		
4	『チューリップ』の歌はご存じでしょうか。ご存じの方は手を挙げてください。	「ハイ」と挙手（数人）	
5	ありがとうございます。 みなさんも、子どものころ、よく歌ったと思います。僕も子どものころ、よく歌いました。 この歌の最後に、「あか・しろ・きいろ、どの花みてもきれいだな」という歌詞があります。最近は、赤・白だけでなく、青色や紫色・まだら色など、いろいろあって、どの色のチューリップにしようか、本当に迷ってしまいます。 ♪「どの花がいいか、まよいます」（介護職が手をたたきながら歌詞を変えて歌う）です。	（笑い）	
6	それでは、この『チューリップ』の歌を、手指を動かしながら歌ってみましょう。2つ以上のことを同時に行ない、なおかつ、脳と関係性が深い手指を使いますので、脳が活性化し、脳の若返りに効果的です。		効果を知らせ、参加者のモチベーションを高める。
7	まず姿勢確認をします。 最初に、背筋を伸ばします。このとき、イスにもたれないようにしてください。次に、前を向き、あごを引きます。背筋と股関節の角度が90度。膝関節の角度が90度。足関節が90度で、足底を床に着けてください。こうすることで呼吸も楽になり声も出しやすくなります。 （※52ページ左下「姿勢確認」イラスト参照）		●参加者に対し側面を見せるように座り、正しい姿勢の見本を見せる。 ●ほかのスタッフに参加者の姿勢を確認してもらう。
8	それでは、僕のまねをしていっしょにやってみましょう。 僕と同じようにできたらみなさんの勝ちです。		参加意欲の向上を図る。
9	最初に、両手を「グー」にして、花のつぼみを作ります。 次に、「パー」で花を開かせます。 リズムに合わせ、大きく口を開け、ゆっくり歌いながらやってみましょう。 手指の運動になります。血液循環を促すことで、冷え性の予防にもつながります。		

第2章 3 グー・パー・チューリップ（手指編）

9
（前奏…練習も兼ね、ゆっくりとしたリズムで行ないます）
①「グー・パー・グー・パー・グー・パー・グー・パー」
（リズムに合わせ両手でグー・パー）

（本曲）
②「さいた、さいた、チューリップのはなが」（同上）
③「ならんだ、ならんだ、あかしろきいろ」（同上）
④「どのはなみても、きれいだな」（リズムに合わせ手をたたく）
⑤「パッ」（両手で花を作る）

介護職のやり方をまねしていっしょに行なう。

●このときに、参加意欲・片麻痺の状態・理解度など参加者の状況を見る。

●声帯周辺の筋肉が強化される。
●口腔・嚥下機能が向上。
●上肢筋群の活性化及び、手指関節の可動範囲を広げ、柔軟性向上が期待できる。
●手指を使いリズムに合わせ歌を歌うという、２つ以上のことを同時に行なうことで、脳の活性化が図れる。

10
ハイ、ありがとうございました。みなさん、僕と同じようにできたので、この勝負、みなさんの勝ちです。

（ニッコリ笑顔）

11
それでは、あと２回続けてやってみましょう。
僕と同じようにできましたら、みなさんの勝ちです。
みなさんが勝った場合は、○○苑の苑長からチューリップの花を、おひとり様100本プレゼントです。張り切ってやりましょう。すみません、これは冗談です。でも、ここの苑長は優しいので、本当にもらえるかもしれませんよ。

（笑い）

●１回目のときに参加者の状況把握ができているので、その情報をもとに歌のリズムスピード（遅く・速く）を調整する。
●介助が必要な参加者にはスタッフについてもらう。

12
それではやってみましょう（【9】の①～⑤を繰り返す）。

13
ありがとうございました。みなさんとてもおじょうずで驚きました。この勝負、みなさんの勝ちです。
それでは僕からみなさんへ、チューリップ100本分の拍手です（拍手）。

（ニッコリ笑顔）

対戦を個人にせず、「全員対介護職」にすることで参加者同士の仲間意識の向上を促す。人とつながる・友達をつくることのきっかけにする（社会的孤立を防ぐことで、認知症になるリスクの軽減を図る）。

実践のバリエーション

9

交互にグー・パー

①を「両手」ではなく「左右交互」にグー・パーを行なう（右手がグーのときは左手がパー）。

9

グー・チョキ・パーを組み合わせる

①を「右手がチョキのときは左手がグー」ほか、グー・チョキ・パーを使って、自由にルールをアレンジしてみる。

第2章

手指・足指…頭も動く！

4【流れ】

ビジュアルでわかる流れ編

足指によるグー・パー遊びで脳を活性化！

グー・パー・チューリップ（足指編）

※手指編（P.36〜39）と合わせて取り組みましょう

＊『チューリップ』を足の指によるグー・パーで表現

※ 1 などのせりふはP.42-43「詳しくわかるシナリオ編」で掲載

ここから！

1 今度は足の指で

今度は『チューリップ』（作詞／近藤宮子・日本教育音楽協会・作曲／井上武士）を「足の指」でやってみたいと思います。 1
2
やりごたえありそうね

2 このようにやりますよ

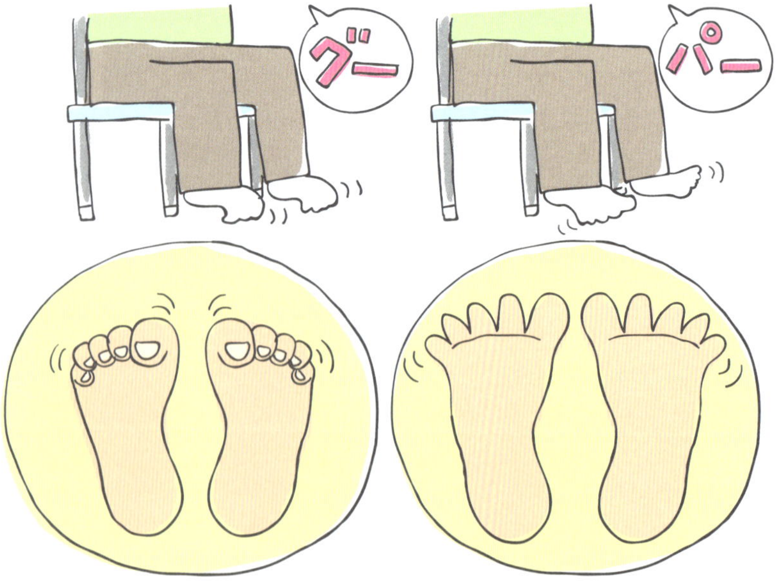

グー
パー

最初に、足の指を「グー」と声を出し、閉じてください。次に「パー」と声を出し、開いてください。 3
なかなか難しいわね
4

人　数	1人～複数		
道　具	無し		
姿　勢	座位		
所要時間	15～20分	回　数	3回
ここに効く	足・指の巧みさ(巧緻性)／「転倒恐怖」の予防／脳の若返り、ほか		

●足で「チューリップ」をやってみましょう。
●ふだんはなかなか行なうことのない足指の開閉運動です。
●足指屈筋・中臀筋と腸腰筋・大腿四頭筋と前けい骨筋等の下肢筋群の強化を図ります。

3 足でチューリップを咲かせましょう

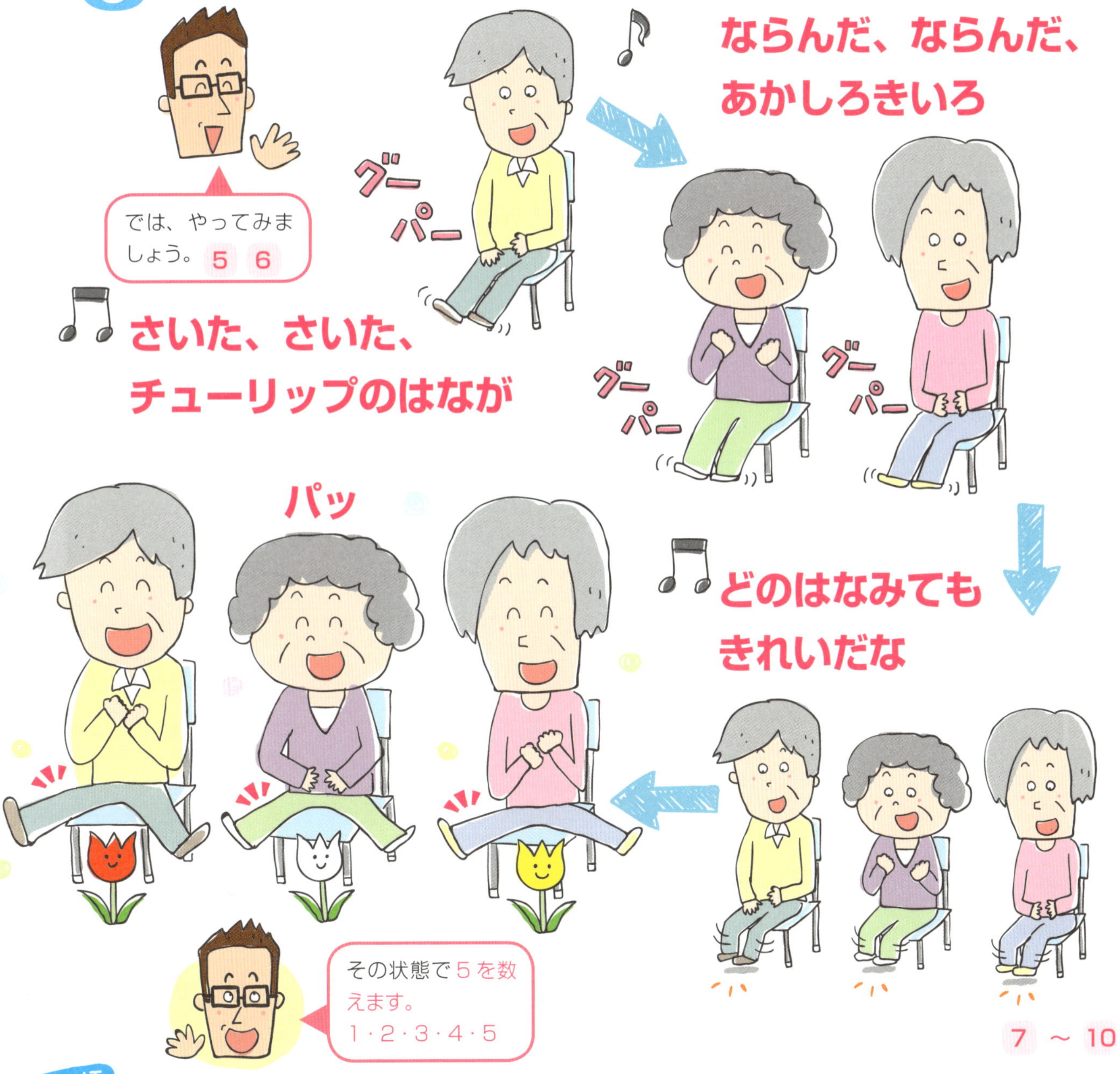
では、やってみましょう。 5 6
さいた、さいた、
チューリップのはなが
グー
パー
ならんだ、ならんだ、
あかしろきいろ
グー
パー
グー
パー
どのはなみても
きれいだな
パッ
その状態で 5 を数えます。
1・2・3・4・5
7 ～ 10

POINT

●ゆっくりとしたリズムで行ないましょう。特に「どの、はなみてもきれいだな」のところは、よりスローペースで行なうことで、参加者も焦ることなく安心してついてこれると思います。手指の冷え症の予防にもなります。
●いつでもどこでも、気楽に継続して続けられます。週に 3 回を目標に、生活の中に取り入れてみましょう。

流れが詳しくわかるシナリオへ

第2章 詳しくわかるシナリオ編

4 【シナリオ】

グー・パー・チューリップ(足指編)

※「補聴器の装着」についてはP.10を参照

	トッシー(介護職…進行役)の声かけ	参加者の行動・反応	備考・ポイント
1	(以下は、手指編(P.36～39)を行なった後の場面として) 今度は『チューリップ』を「足の指」でやってみたいと思います。 足の指は歩くときに、とても重要です。足の指が動きづらいと、つま先が引っ掛かって転びやすくなり、立つことも歩くこともままならなくなります。		足の指の重要性を知らせ、参加者のモチベーションを高める。
2	まず、姿勢確認をします。(※52ページ左下「姿勢確認」イラスト参照) 最初に、背筋を伸ばします。このとき、イスにもたれないようにしてください。次に、前を向き、あごを引きます。背筋と股関節の角度が90度。膝関節の角度が90度。足関節が90度で、足底を床に着けてください。 こうすることで呼吸も楽になり声も出しやすくなります。		
3	最初に、足の指を「グー」と声を出し、閉じてください。 次に「パー」と声を出し、開いてください。	トッシーのまねをして「グー」「パー」をする。	このときに、参加意欲・片麻痺の状態・理解度など参加者の状況を見る。
4	それではもう一度やってみましょう。 「グー」(少し間を置きます) 「パー」(少し間を置きます) ありがとうございます。		
5	今から、「グー」と「パー」を使い、「チューリップ」の歌をやります。 僕の動きを大きく声を出し、まねしてやってみましょう。		
6	(前奏) ①「グー・パー・グー・パー・グー・パー」 (足の指でリズムに合わせグー・パー) ※足指屈筋トレーニング…足指の屈曲と伸展・外転 (本曲) ②「さいた、さいた、チューリップのはなが」 (足の指でリズムに合わせグー・パー) ※足指屈筋トレーニング…足指の屈曲と伸展・外転 ③「ならんだ、ならんだ、あかしろきいろ」 (同上) ④「どのはなみてもきれいだな」(両足浮かし、リズムに合わせたたく) ※中臀筋と腸腰筋のトレーニング…股関節外転 ⑤「パッ」 (声かけ)「両ひざを伸ばし、股を広げ、足首を反らします」 ※大腿四頭筋と前けい骨筋のトレーニング…ひざ伸展・足関節背屈 ⑥(声かけ)「その状態で5を数えます。1・2・3・4・5」 いっしょに歌いながら、リズムに合わせ、動きをまねする。	いっしょに「1・2・3・4・5」と声を出して数える。	●ゆっくりとしたリズムで行なう。「前奏」の「グー・パー」で参加者の状況を見ながら、リズム調整をする。 ●2つ以上のことを同時に行なうため、脳の活性化にもつながる。 ●まねをすることで注意力の向上を促す。
7	ありがとうございました。みなさんとてもおじょうずです。		

8 今度は、2回続けてやってみましょう。
全員が間違うことなくできたら、みなさんの勝ちです。○○苑の苑長からお寿司とお肉の食べ放題にご招待だそうですよ（冗談）。
みなさん、集中してやってみましょう。

（ニッコリ笑顔）

●対戦を個人にせず、「全員対介護職」にすることで参加者同士の仲間意識の向上を促す。人とつながる・友達をつくることのきっかけにする（社会的孤立を防ぐことで、認知症になるリスクの軽減を図る）。
●全体のモチベーションを高める声かけをする。

9 それでは始めたいと思います（【6】を2回繰り返す）。

10 みなさん、とてもスムーズに動かせていました。何よりも、その集中力に驚きました。今でしたら、オリンピックで100メートルを9秒台で走れるかもしれません（冗談）。
この勝負、みなさんの勝ちです。僕から、お寿司と焼肉食べ放題分の拍手です（パチ・パチ）。でも、本当に食べたいですよね。
あとで、僕からも苑長に頼んでおきます。もし、OKが出たら、みなさんといっしょに食べに行きましょうね。

（ニッコリ笑顔）

●判定はあまり厳密にはせず、参加者の勝ちとする。大切なのは、社会的孤立を防ぐための機会を増やすことがねらいのため。「みんなでがんばった」という思いを大切にする（認知症予防にも）。
●達成感が、次への意欲となり、脳の活性化につながる（認知症予防にも）。
●「笑い」もストレスの発散となり、脳の活性化に効果的（認知症予防にも）。
●転倒経験のある参加者には、この体操を通し、少しでも歩くことへの自信につなげていく（「転倒恐怖」の予防）。

実践のバリエーション

6 片足ずつ「パッ」

最後の⑤「パッ」を、片足ずつ（左右）行なうパターン。

6 閉じたまま「パッ」

最後の⑤「パッ」を、両足を閉じて行なうパターン。

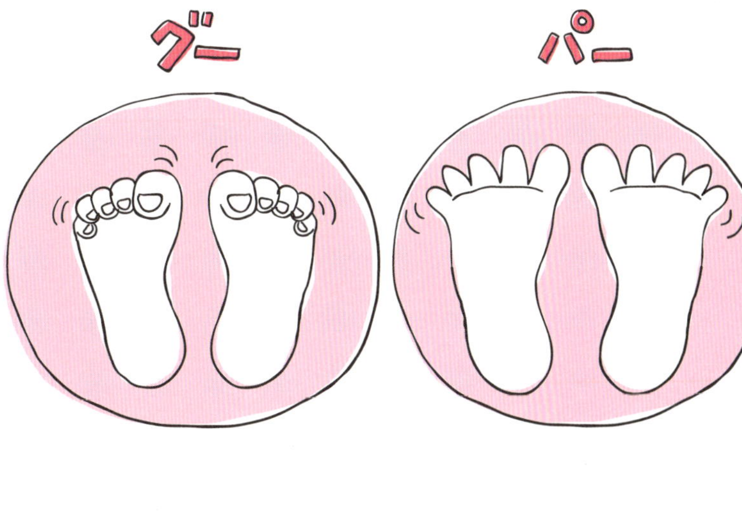

第2章

手指・足指…頭も動く！

5

【流れ】

ビジュアルでわかる流れ編

足の筋肉を鍛え、関節の動きを柔らかくして若返り！

足で「むすんで、ひらいて」間違えないでネ。

＊手ではなく足を使って歌遊びの「むすんで、ひらいて」

※ 1 などのせりふはP.46-47「詳しくわかるシナリオ編」で掲載

ここから！

1 『むすんで、ひらいて』をしましょう

1
『むすんで、ひらいて』（作詞／不詳・作曲／ルソー）を僕といっしょにやっていただけませんか。
2 ～ 5
なつかしいわね
①「むすんで、ひらいて」…ハイ、ありがとうございました。
6 7

①「むすんで、ひらいて」 ②「てをうって、むすんで」 ③「またひらいて」 ④「てをうって」 ⑤「そのてをうえに」

2 今度は足の指で

8
今度は「足の指」でやってみたいと思います。
「て」の歌詞を「あし」に替えて歌います。
9
え～！ 足の指で？

人　数	1人～複数
道　具	無し
姿　勢	座位
所要時間	10～15分
回　数	3回
ここに効く	上肢筋群の活性化／足の手指の巧みさ（巧緻性）／脳の活性化／注意力の向上、ほか

●ご存じの「むすんでひらいて」を足の指でやってみます。
●ふだんはあまり意識しない足の指。歩行には欠かせません。
●足指屈筋・中臀筋と腸腰筋・大腿四頭筋と前けい骨筋等の下肢筋群の強化を図ります。

3「あしうって、むすんで」…できるかな？

1・2・3・ハイ
10

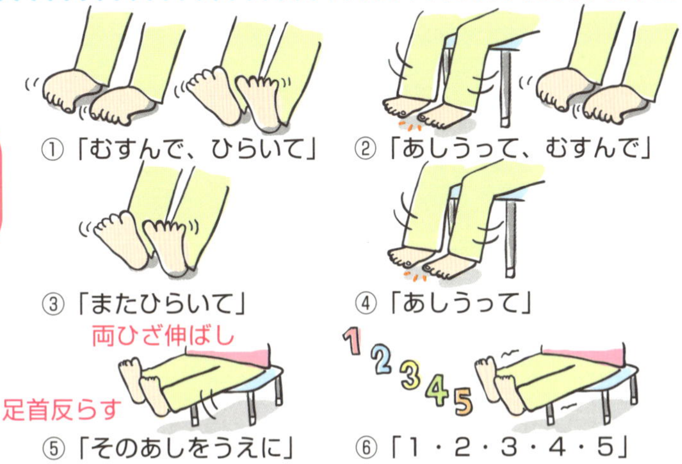

①「むすんで、ひらいて」
②「あしうって、むすんで」
③「またひらいて」
④「あしうって」
両ひざ伸ばし
足首反らす
⑤「そのあしをうえに」
1 2 3 4 5
⑥「1・2・3・4・5」

むすんで、ひらいて
あしうって、むすんで…

11 12

ハイ、ありがとうございました。
今度はちょっと意地悪をします。
僕の言葉にだまされないように。
13

むすんで、ひらかないで
あしうたないで、むすんで… 14

私、できているわよ

おっと…

うわ、難しい

ハイ、ありがとうございました。この勝負はみなさんの勝ちです。 15

16 ～ 18

POINT

●ゆっくりとしたリズムで行ないましょう。特に「あしうってむすんで」のところは、よりスローペースで行なうと参加者も焦ることなく安心してついてこれると思います。
●足の指が自由に動くことで、安定した姿勢と歩行が保障されます。効果を伝え、介護度の高い方もやる気にさせましょう。

流れが詳しくわかるシナリオへ

5【シナリオ】足で「むすんで、ひらいて」間違えないでネ。

	トッシー（介護職…進行役）の声かけ	参加者の行動・反応	備考・ポイント
			※「補聴器の装着」については P.10 を参照
1	足の筋肉は、使わないと衰えていきます。また、関節も動かさないと硬くなってしまい、転倒しやすくなります。今から、足の筋肉を鍛え、関節の動きを柔らかくする体操をしたいと思います。		効果を伝えて参加者のモチベーションを上げる。
2	みなさん、『むすんで、ひらいて』の歌遊びはご存じでしょうか。 子どものころにやった覚えがある方は手を挙げてください。	「ハイ」と挙手（数人）	
3	みなさんの子どものころは、さぞ、かわいいお子さんだったのでしょうね。今でも、年齢をかさねたかわいらしさや、格好よさで輝いていますよ。	（ニッコリ笑顔）	
4	先ほど手を挙げていただいた方。『むすんで、ひらいて』を、僕といっしょにやっていただけませんか。	「ハイ」と挙手（数人）	参加意欲の向上を図る。
5	ありがとうございます。みなさんも、K さん L さん M さんと僕を見ながらいっしょに歌ってやってみましょう。		
6	両手を広げて、ゆっくり。「1・2・3・ハイ」（介護職の掛け声） ①「むすんで、ひらいて」 ②「てをうって、むすんで」 ③「またひらいて」 ④「てをうって」 ⑤「そのてをうえに」（バンザイのポーズ）	介護職や K さんらといっしょに行なう。	●上肢筋群の活性化、及び、手指を使いリズムに合わせ歌を歌うという点でも、脳の活性化につながる遊び。 ●このときに参加者の状況を見る（参加意欲・片麻痺の状態・理解度など）。
7	ハイ、ありがとうございました。子どものころを思い出されたでしょうか。今度は『むすんで、ひらいて』を「足の指」でやってみたいと思います。足の指は歩くときに、とても重要で、足の指が動きづらいと、立つことも歩くこともままなりません。		
8	まず、姿勢確認をします。（※ 52 ページ左下「姿勢確認」イラスト参照） 最初に、背筋を伸ばします。このとき、イスにもたれないようにしてください。次に、前を向き、あごを引きます。背筋と股関節の角度が 90 度。膝関節の角度が 90 度。足関節が 90 度で、足底を床に着けてください。こうすることで呼吸も楽になり声も出しやすくなります。		
9	それでは僕といっしょに歌いながらやってみましょう。 「て」の歌詞を「あし」に替えて歌います。 「1・2・3・ハイ」（介護職の掛け声）		
10	①「むすんで、ひらいて」（足の指でグー・パー） ※足指屈筋トレーニング…足指の屈曲と伸展・外転 ②「あしうって、むすんで」（両足を浮かし４回たたき、足の指でグー） ※中臀筋と腸腰筋のトレーニング…股関節外転・足指の屈曲 ③「またひらいて」（足の指でパー） ※足指屈筋トレーニング…足指の伸展・外転 ④「あしうって」（両足浮かし、４回たたく） ※中臀筋と腸腰筋のトレーニング…股関節外転・足指の屈曲 ⑤「そのあしをうえに」（声かけ）「このとき、足首を反らします」（両ひざを伸ばし、足首を反らす） ※大腿四頭筋と前けい骨筋のトレーニング…ひざ伸展・足関節背屈 ⑥（声かけ）その状態で「5」数える 「1・2・3・4・5」	いっしょに歌いながら、動きをまねする。 いっしょに「1・2・3・4・5」と声を出して数える。	●ゆっくり1語1語、口の周辺筋肉を大きく動かす意識で行なう（声帯周辺の筋肉強化）。 ●注意力の向上につなげる。

第2章 5 足で「むすんで、ひらいて」間違えないでネ。

11 ハイ、ありがとうございました。みなさんとてもおじょうずです。
それでは、もう一度やってみましょう（【10】を繰り返す）。

12 ハイ、先ほどよりもずいぶん足がスムーズに動くようになっていますよ。3歳は、若くなっています。

（ニッコリ笑顔）

13 今度はみなさんの脳もいっしょに若返ってもらうために、ちょっと意地悪をします。僕の言葉にだまされないように、よく聞いて動かしてください。間違えないようにできたら、みなさんの勝ちです。
それでは始めます。「1・2・3・ハイ」

●脳の活性化。
●注意力の向上。

14 ①「むすんで、ひらかないで」
②「あしうたないで、むすんで」
③「またひらいて」
④「あしうって」
⑤「そのあしをうえに」

間違えないように集中して行なう。

15 ハイ、ありがとうございました。
僕の言葉にまどわされないでできた方がほとんどでしたので、この勝負は参加者のみなさんの勝ちです。拍手です（パチパチ）。

（ニッコリ笑顔）

判定はあまり厳密にはせず、参加者の勝ちとする。大切なのは、社会的孤立を防ぐための機会を増やすことがねらいのため。「みんなでがんばった」という思いを大切にする（認知症予防にも）。

16 あと2回、やってみましょう。

17 すごい。この勝負もみなさんの勝ちです。みなさん本当に若いですね。驚きました。拍手、拍手です。

（ニッコリ笑顔）

18 ありがとうございました。最初に比べ、ずいぶん足が動くようになっています。みなさんすごい（拍手）。
みなさんの脳も足も、始める前に比べ10歳、若返ったと思います。これを毎日繰り返したら1週間後には20歳ですね。そうなったら、みなさんといっしょに歩いて富士山に登りましょう。帰りに温泉に入って、おいしいものをいっぱい食べて、ゆっくりのんびりしましょうね。もちろんお代は○○苑の施設長持ちです（冗談）。

（ニッコリ笑顔）

（笑い）

●達成感が次への意欲となり、脳の活性化につながる。
●笑いもストレスの発散となり、脳の活性化に効果的。

実践のバリエーション

14 片足ずつを上げる

最後の⑤「そのあしをうえに」を「片足ずつ」（左右別々に）行なうパターン。

14 両足を開く

最後の⑤「そのあしをうえに」を「そのあしをひらいて」に替え、両足を開くパターン（足を床に着けた状態、または、浮かした状態）。中臀筋の筋力トレーニングになる。

※このほか、自分でいろいろとやり方を工夫してみましょう。

第3章　足腰動かし…歩けるように

1【流れ】

ビジュアルでわかる流れ編

「ヤッホー」と声をかけられてちょっとうれしい気分！

ヤッホー

＊足踏みで富士山に登った気分になって「ヤッホー」

※ 1 などのせりふはP.50-51「詳しくわかるシナリオ編」で掲載

ここから！

1 日本一高い山はもちろん…

山登りをしたことがありますか。日本でいちばん高い山といえば？ 1 2
富士山
そうです。今からいっしょに富士山に登りましょう。 3

2 山登りの準備をしましょう

4 〜 6

それでは今から登ります。
僕のまねをして山登りの準備をしましょう。 7

①リックをしょって
（リックを背負うポーズ）

②帽子をかぶって
（帽子をかぶるポーズ）

③お茶を飲んで
（お茶を飲むポーズ）

④出発です
（拳を上げるポーズ）

よいしょ
サッ
ゴクゴク

8 〜 12

人数	1人～複数		
道具	無し		
姿勢	座位		
所要時間	15分程度	回数	3回
ここに効く	脳の若返り／口腔機能・脳の活性化／上肢筋群・下肢筋群の筋力向上		

- ●大きな声で「ヤッホー」。
- ●山びこがかえってくるとなんだかとってもうれしい気分。
- ●一人ひとりが主役になれるお勧めの体操です。
- ●脳の若返りと、上肢及・下肢筋群の筋力向上を図ります。

3 歌って登って「おなまえは？」→「ヤッホー」

それでは、やってみましょう。13
イチ・ニ
イチ・ニ
イチ・ニ
イチ・ニ

歌①「ダンダカダンダンダンダンダンダン」（2回繰り返す）

歌②「はじめてであったひとなのに、まえからしってるひとみたい」

おなまえは？
Aです

●スタッフもいっしょに介護職と歩いて場を盛り上げるように打ち合わせしておくとよい。

ヤッホー！
ヤッ
ホー
ハイ、ありがとうございました。
14
15

はじめて であった ひとなのに まえから しってる ひとみたい 「おなまえは」「○○です」ヤッ ホー

『ヤッホー』作詞・作曲／伊藤利雄

POINT

- ●「ヤッホー」で人と人をつなげましょう。参加者同士・家族・地域活動をはじめとする社会的なつながりは、心身の健康の増進を図り、後半生に感じる「孤独」を紛らわせてくれます。また、脳の神経構造や免疫システムを活性化します。
- ●介護度の高い方も「ヤッホー」でつながります。

流れが詳しくわかるシナリオへ

第3章 詳しくわかるシナリオ編

1【シナリオ】ヤッホー

	トッシー(介護職…進行役)の声かけ	参加者の行動・反応	備考・ポイント
1	今から「ヤッホー」という、脳の活性化や手足の筋力の向上などを図る体操をします。 みなさん、山登りをしたことがありますか。	介護職を前にコの字型になりイスに座る。 「ハイ」と挙手(数人)	※「補聴器の装着」についてはP.10を参照 ●コの字に座ってもらう。 ●スタッフに左右どちらかの端に同じように座ってもらう。
2	日本でいちばん高い山といえば？	「富士山」	
3	そうです。それでは今からみなさんといっしょに富士山に登りましょう。		
4	まず、姿勢確認をします。(※52ページ左下「姿勢確認」イラスト参照) 最初に、背筋を伸ばします。このとき、イスにもたれないようにしてください。次に、前を向き、あごを引きます。背筋と股関節の角度が90度。膝関節の角度が90度。足関節が90度で、足底を床に着けてください。こうすることで呼吸も楽になり声も出しやすくなります。		
5	みなさん、山の頂上に登ったときに、両手を広げて「ヤッホー」と叫んだ経験ありませんか。	「ハイ」と挙手(数人)	
6	僕のまねをして「ヤッホー」と声を出してみましょう。 ①「ヤッ」…で、両手をたたきます。 ②「ホー」…で、両手を大きく広げます。	介護職のまねをする。	このときに参加者の状況を見る（参加意欲・片麻痺の状態・理解度など)。
7	ハイ、ありがとうございました。 それでは今から登ります。 僕のまねをして山登りの準備をしましょう。 ①リックをしょって（リックを背負うポーズ) ②帽子をかぶって（帽子をかぶるポーズ) ③お茶を飲んで（お茶を飲むポーズ) ④出発です（拳を上げるポーズ)	介護職のまねをする。	
8	みなさんその場で腕を振って足踏みしましょう（腕を振り足踏みをする…介護職)。「イチ・ニ・イチ・ニ」「イチ・ニ・イチ・ニ」…その調子です。	介護職のまねをして、腕を振って足踏み。	
9	次は、僕といっしょに歌いながら行ないましょう。 歌①「ダンダカダンダンダンダンダン」(2回繰り返す) 歌②「はじめてであったひとなのに、まえからしってるひとみたい」 (介護職はコの字に座った参加者の前を足踏みしながら腕を振って歩く)	介護職のまねをして手足を動かし歩くまねをする。	
10	(歌が終わったら、介護職がコの字の端に座ったスタッフTさんの前に行き、立ち止まる) 僕が「おなまえは」と尋ねますので、下の名前を教えてください。 (スタッフ「Tです」とこたえる)。		事前に打合せをしておく。

11 そうしたら、みなさんはTさんのお顔を見て、僕といっしょに「ヤッホー」と言ってくださいね。
①「ヤッ」(両手をたたく)
②「ホー」(両手を大きく広げる)

トッシーのまねをする。

介護職(トッシー)が参加者同士をつなげる、「つなげ屋」(人と人をつなげる)になり、参加者ひとりひとりを主役にするという意識で行なうとよりいっそう、その場が温かい雰囲気で進行していく。
注目してほしいという思いはだれにでもある。
「ひとりじゃないよ」「安心してね」という、社会的孤立を防ぐというメッセージがこの体操に込められている(認知症の予防にもつながる)。

12 ハイ、ありがとうございました。
歌をうたいながら手足を動かし、両手を広げバランスを取りながら「ヤッホー」と声を出す。という2つ以上のことを同時に行ないます。これにより、脳がとても活性化し元気になります。手足の筋肉も楽しみながら同時に動かしますので、気がついたら筋力が向上するという体操です。一石二鳥以上のすごい体操です。ですから、この体操が終わった後には、みなさんの脳も体も20歳の若者のようになっているかもしれませんよ(冗談)。

(笑い)

13 それでは、やってみましょう。
歌①「ダンダカ ダンダン ダンダン ダン」(2回繰り返す)
歌②「はじめてであったひとなのに、まえからしってるひとみたい」
③「おなまえは」(参加者N「Nです」)
トッシーとほかの参加者が、参加者Nに向けて「ヤッホー」をする。
④「ヤッ」(両手をたたく)
⑤「ホー」(両手を大きく広げる)
ハイ、ありがとうございました。

ほかの参加者に「ヤッホー」と声をかけられ、ニッコリ笑顔の参加者N。

14 ちなみに「ダンダカ ダンダン ダンダン ダン」は山を登るときのイメージソングです。みなさんも歌いながら、ごいっしょに歩きましょう。
その繰り返しです。右の方から順に行なっていきましょう。

●効果を具体的に伝えることで、参加者のモチベーションを高める。
●ジョークを交えることで、参加者の緊張感を和らげ、次への進行をスムーズにする。

15 みなさん笑顔をいっぱいありがとうございました。今のみなさんでしたら、富士山だって走って登れますよ(冗談)。
それでは最後にみなさんといっしょに、「ヤッホー」をしましょう。
イチ・ニのサン、「ヤッホー」!

全員で「ヤッホー」(笑顔)

●場の一体感を大切にする。
●「楽しかった」で終わることを大切にする。

第3章

足腰動かし…歩けるように

2

【流れ】

ビジュアルでわかる流れ編

下肢の筋力アップでますます元気に！

座布団

＊新聞紙で作った座布団を落とさないで！

※ 1 などのせりふはP.54-55「詳しくわかるシナリオ編」で掲載

ここから！

1 「座布団」を作る

「座布団」という体操をします
1 2
お手元の新聞紙を折ります。
1回…2回…
3 ～ 5
1/2に折ったもの
1回
2回
うまく折れたわ
ほら、座布団！

2 よい姿勢になる

6
姿勢確認
ピシッ
背筋を伸ばす
イスにもたれない
あごを引く
90度
90度
足底を床に着ける
90度
ピシッ
ピシッ
こうかね
ピシッ
※できるだけ、これに近い姿勢になるように。

人数	1人～複数
道具	新聞紙(ハンカチやタオルでもよい)
姿勢	座位
所要時間	15分程度
回数	3回
ここに効く	下肢筋群(太もも、おしり、おなか)／注意力／膀胱・尿道括約筋

●新聞紙を「座布団」に見たてた体操です。
●参加者との「かけ合い」がリズミカルで楽しいですよ。
●下肢筋群の筋力強化に効果的です。
●対人関係能力の向上にも役だちます。

3「ざぶとん1枚どうぞ」「いらん、いらん」

(遊びの説明)
7 ～ 9
ざぶとん
1枚どうぞ
ハイ 10
いらん、いらん
11 ～ 13
ドンドンドンドン
ドンドン
ドンドン
ドンドン

●ゆっくり一語一語、区切って口の周辺筋肉を大きく動かす意識で行なう(声帯周辺の筋肉強化)。
●注意力の向上にもつながる。

(別バージョンの説明)
14 15
ざぶとん1枚あげりん
ハイ
※「あげりん」とは三河弁で「あげなさい」という意味です。 16
※みなさんの地方の言葉でやってみましょう
1・2・3・4・5
17 ～ 21
ドンドンドンドン

ざぶとんいちまいど う ぞ　いー らん いー らん　ざぶとんにまいど う ぞ　いー らん いー らん　ざぶとんさんまいど う ぞ　いー らん いー らん　ざ ぶ とん い ちまい　あ げ りん(ハイ)　1・2・3・4・5

『座布団』作詞・作曲／伊藤利雄

POINT

●参加者の状況を見ながら徐々に座布団の枚数を増やしていきましょう。無理せず6枚程度がいいと思います。
●夢中になりすぎる方もみえます。表情を観察しながら「かけ合い」のスピードや回数をコントロールしてください。
●冗談を交えながらセットの合間に、休憩も兼ねて伝えていきましょう。

流れが詳しくわかるシナリオへ

座布団

	トッシー（介護職…進行役）の声かけ	参加者の行動・反応	備考・ポイント
			※「補聴器の装着」についてはP.10を参照
1	それでは、今から新聞紙を使い、「ざぶとん」という足腰を鍛える体操をします。特に、太ももとおしりとおなかを鍛える体操です。	トッシーを前にコの字型になり、イスに座る。	
2	みなさん、僕といっしょに効果のある部位に触れてみましょう。 ①まずは「太もも」、②次に「おしり」、③最後に「おなか」です。	トッシーのまねをして各部位を触る。	このときに参加者の状況を見る（参加意欲・片麻痺の状態・理解度　など）。
3	今から新聞紙をスタッフが配ります（2分の1に折ったもの）。 お手元に配られた新聞紙はひざの上に置いてください。		スタッフに広げた状態の新聞紙を参加者に配ってもらう。ひとり1枚。
4	次に、新聞紙を2回折ります（4分の1の大きさにします）。 「1回」「2回」（新聞紙を折る）。		参加者の状況（片麻痺の方や認識力・参加意欲　など）を確認する。
5	手指を使って折るという行為は、脳に刺激を与えてくれます。ゆっくりでいいので折ってみましょう。折り終えた方はひざに新聞紙を置いて待っていてください。 それでは、全員が折り終えたところで始めたいと思います。	がんばって自分で折ろうとする。	スタッフに、参加者の状況を見てフォローに入ってもらう。
6	まず、姿勢確認をします。（※52ページ左下「姿勢確認」イラスト参照） 最初に、背筋を伸ばします。このとき、イスにもたれないようにしてください。次に、前を向き、あごを引きます。背筋と股関節の角度が90度。膝関節の角度が90度。足関節が90度で、足底を床に着けてください。こうすることで呼吸も楽になり声も出しやすくなります。		参加者に対し側面を見せるように座り、姿勢確認をする。
7	次に、ひざに置いた新聞紙を「座布団」（ざふとん）に見たてます。 僕が最初に「ざぶとん、1枚どうぞ」（リズムに合わせひざを両手で4回たたくと同時に、両足を4回踏み鳴らします）と、みなさんにあげようとします（実際にやりながら説明）。		
8	そうしましたら、みなさんは「いらん、いらん」（背筋を伸ばし、両手でひざを2回たたきながら、床を踏み鳴らす）と、大きく口を開け声を出して断ってください。このときに座布団に見たてた新聞紙をひざから落とさないように注意してやりましょう（実際にやりながら説明）。		
9	僕とみなさんの「かけ合い」体操です。僕に負けないように、みなさんの気持ちをひとつにしてやってみましょう。それでは始めます。		●少しようすを見て、困っている方、片麻痺がある方などのフォローを、スタッフにしてもらう。 ●事前に片麻痺のある方の情報（参加者の情報）を得ておき、スタッフにそばについていてもらう。 ●認知症がひどくスタッフの全面介助が必要と思われる方も参加し、思わぬ「力」（残存能力）を発揮することがあるため、注意深く見ていく。
10	①介護職「ざぶとん1枚どうぞ」・「ハイ」（次への掛け声） ②介護職と参加者「いらん、いらん」	「いらん、いらん」（いっしょに行なう）	
11	そんな感じです。とてもおじょうずです。特にこの動きでは、おなか周辺の筋肉（腸腰筋）を鍛えます。また、前方に倒れたときに手が伸びるといといった反射トレーニングにもなります（前方への保護伸展反射）。この体操が終わったころには、みなさん、バレリーナのように美しくしなやかに踊れるようになっていますよ（冗談）。そのときは僕でよければ、いっしょに踊ってくださいね。	（笑い）	
12	次は、1枚から3枚まで続けてやってみましょう。 ①介護職「ざぶとん1枚どうぞ」・「ハイ」 ②介護職「ざぶとん2枚どうぞ」・「ハイ」 ③介護職「ざぶとん3枚どうぞ」・「ハイ」	①「いらん、いらん」 ②「いらん、いらん」 ③「いらん、いらん」	
13	みなさん本当におじょうずです。みなさんの息もぴったりです。僕とみなさんでかけ合いをしながら歌い、リズムに合わせ体を動かすという、2つ以上のことを同時に行なうことは、注意力の向上トレーニング（注意の分散機能向上トレーニング）としても効果的で、脳を活性化してくれます。		
14	そうしましたら今度は、僕が「ざぶとん1枚あげりん」（身ぶりで示す）と言いますので、みなさんは、両手をひざに置いたまま、両足をまっすぐに伸ばした状態で上にあげてください。そのとき、つま先もいっしょに上にあげましょう（実際に介護職がイスに座った状態で見本を見せる）。		

15	そして、その状態を保ったまま「5」数えます。この動きは、太もも（大腿四頭筋）や、「すね」周辺の筋力（前脛骨筋）トレーニングになります。 ちなみに、「ざぶとん 1 枚あげりん」の「あげりん」は僕の地元の三河弁で「あげなさい」（譲る・渡す）という意味です。 一度、続けてやってみます。みなさんもいっしょにやってみましょう。		
16	①介護職「ざぶとん 1 枚あげりん」・「ハイ」 ②介護職と参加者……両足を上にあげます。 ③介護職と参加者……そのままの状態で「5」数えます。 みなさんもごいっしょに「1・2・3・4・5」	両足を上げる 「1・2・3・4・5」	足を上げる際、バランスを取るのが難しい方は、両手でイスの両端を持つように伝える。
17	ハイ。足を下ろしてください。ありがとうございました。これで 1 セットです。 足先から太ももにかけて力をかけた状態を保ち、そのあとに脱力します。その際、足の血流がよくなりますので、マッサージ効果があると聞きます。		
18	1 セットで足腰が 5 歳若返りますから、あと 3 セットやったら 20 歳若返りますよ（冗談）。女性でしたらモデルのような美しい足になるかもしれませんね。	（笑い）	
19	それではあと、3 セットやってみましょう。 先ほどは、3 枚までやりましたから、今度は 4 枚・5 枚・6 枚と増やしてやってみましょう。 みなさん用意はいいですか。 それでは始めます。		
20	①介護職「ざぶとん 1 枚どうぞ」・「ハイ」 ②介護職と参加者「いらん、いらん」 ③介護職「ざぶとん 2 枚どうぞ」・「ハイ」 ④介護職と参加者「いらん、いらん」 ⑤介護職「ざぶとん 3 枚どうぞ」・「ハイ」 ⑥介護職と参加者「いらん、いらん」 ⑥介護職「ざぶとん 4 枚どうぞ」・「ハイ」 ⑦介護職と参加者「いらん、いらん」 ⑧介護職「ざぶとん 1 枚あげりん」・「ハイ」 ⑨介護職と参加者「1・2・3・4・5」（声を出して数える）	「いらん、いらん」 「いらん、いらん」 「いらん、いらん」 「いらん、いらん」 両足を上げる。 「1・2・3・4・5」	
21	ありがとうございました。みなさんの足がカモシカのように美しく見えてきました。そして、何よりもみなさん全員が気持ちをひとつにして楽しく、最後までできたことが（達成感）、ひとりひとりの心身の健康増進につながると思います。僕からみなさんに拍手です（パチパチ）。	（ニッコリ笑顔）	

実践のバリエーション

19

尿漏れを改善するやり方

今度は、足を上げて、つま先を上に向けた状態から、「バカッ」と横に向けて広げます。
このときに、おしりに力が入っているでしょうか。入っていればオーケーです。

（うなずく。）

「おしっこ」を途中で止める意識で行なってみてください。こうすることで、より、膀胱や尿道の周辺の筋肉を刺激しますので、「尿もれ」が改善します。

（膀胱・尿道括約筋の筋力トレーニング。）

ビジュアルでわかる流れ編

両足で新聞紙を挟んで下半身のトレーニング！

さくら餅

(上方ふう)

＊両足をさくらの葉に見たててさくら餅作り

※ 1 などのせりふはP.58-59「詳しくわかるシナリオ編」で掲載

ここから！

1 さくら餅を食べたことは？

[1] [2] 「さくら餅」を食べたことがある方は？ [3]

今から「さくら餅」をいっしょに作って楽しみましょう。

大好き
おいしいよね

2 さくらの葉を用意

1/2に
切ったもの

[4] 新聞紙を足元に敷きます。 [5]

両足を肩幅程度に開いて新聞紙の上に乗せます。

「もち」と
「もち」ね
なるほど！

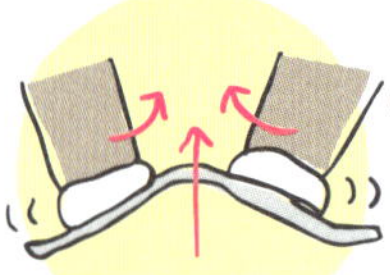

新聞紙と、両足がさくらの葉です。両足でお餅を包んで、持ち上げます。

●さくら餅の「もち」と、持ち上げるの「もち」を掛けていることを説明し、場を和ませるなど工夫する。

人数	1人～複数
道具	新聞紙
姿勢	座位
所要時間	15分程度
回数	3回
ここに効く	下肢筋群の筋力強化／バランス感覚の向上

- 「さくら餅」を題材にした新聞紙体操です。
- 春のお花見シーズンにもってこいの体操です。
- 下肢筋群の筋力強化及びバランス感覚の向上を図ります。
- 骨盤庭筋群の筋力を強化しますので失禁予防にも効果的です。

3 さくら餅を作りましょう

歌に合わせて手をたたきます。
6 ～ 8
歌『さくらもち』
次は、両足で新聞紙を挟んで、床面と水平になるまで持ち上げます。
なかなか……ツライ
うーん！
これはキクなぁ！
持ち上げた状態で「5」数えます。
9
1
2
3
4
5
それでは、あと２回やってみましょう。
10
11
さ く ら も ち

『さくら餅』作詞・作曲／伊藤利雄

POINT

- やり方を理解すれば、とても簡単にできます。介護度の高い方も思わぬ力を発揮し、スタッフを驚かせます。
- 介護職は「○○さん凄い」「○○さんさっきよりも足が上がっている」など、小さな変化を見逃さず声をかけてください。細かな気遣いが場を温かなものにしてくれますよ。

流れが詳しくわかるシナリオへ

3【シナリオ】さくら餅

※「補聴器の装着」についてはP.10を参照

	トッシー(介護職…進行役)の声かけ	参加者の行動・反応	備考・ポイント
1	今から、新聞紙を使い、足腰の筋力の強化とバランス感覚の向上させる体操をしたいと思います。	ひざの上に新聞紙を置いた状態で待機している。	●事前に1枚の新聞紙＝2ページ分を半分に切ったものを、参加者に配っておく。 ●効果を伝えることで参加意欲の向上を図る。
2	まず、姿勢確認をします。(※52ページ左下「姿勢確認」イラスト参照) 最初に、背筋を伸ばします。このとき、イスにもたれないようにしてください。次に、前を向き、あごを引きます。背筋と股関節の角度が90度。膝関節の角度が90度。足関節が90度で、足底を床に着けてください。こうすることで呼吸も楽になり声も出しやすくなります。		●スリッパを履いている方は脱ぐ(スタッフに事前に声をかけておく)。 ●骨盤が寝ている状態だと背筋は伸びない。まず、骨盤を座面に対し起こした(直角にした)後に、背筋を伸ばしあごを引くようにする(スタッフに事前に伝えておき、参加者の姿勢確認をする)。
3	「さくら餅」を食べたことがある方は、手を挙げてください。塩漬けしたさくらの葉でつつんだお餅です。お花見をしながら食べるさくら餅は最高においしいですよね。そう思ったら、なんだか食べたくなってきました。	「ハイ」	
4	それでは、今から「さくら餅」をみなさんといっしょに作って楽しみましょう。	(ニッコリ笑顔)	
5	最初に僕がやってみます。まず、お手元にある新聞紙を足元に敷きます。次に、両足を肩幅程度に開いて新聞紙の上に乗せます。これで準備完了です。下に敷いた新聞紙と、両足がさくらの葉です。両足でお餅を包む(新聞紙の真ん中をクシャッと挟んで持ち上げる)イメージです。	数人が、意欲満々でいっしょにやろうとする。	
6	それでは始めます。最初に歌に合わせて手をたたきます。 ①歌『さくらもち』(歌のリズムに合わせて手をたたく) ②次に、両手でイスの両端を持ち、両足で新聞紙を挟みます。挟んだ状態でひざを伸ばし、床面と水平になるまで持ち上げてください。 ③持ち上げた状態で「5」数えます。「1・2・3・4・5」 ハイ、これで終了です。		●2つ以上のことを同時に行なうため、脳の活性化にもなる。 ●バランス感覚の向上。
7	今度は、みなさんといっしょにやってみましょう。 まず、お手元にある新聞紙を足元に敷きます。そうしましたら、両足を肩幅程度に開いて、新聞紙の上に乗ります。さくらの葉が新聞紙です。両足でお餅を包むイメージで持ち上げます。うまく持ち上げることができたら、○○苑から豪華プレゼントがもらえるかもしれませんよ(冗談)。		
8	次に、歌に合わせて手をたたきます。 (①～③を行なう)		
9	ハイ、足を下ろします。すごい。みなさん、とてもじょうずに持ち上げることができましたね。この体操は、ひざの痛みの予防や尿失禁の予防にもなります。	満足な表情。	

10 それでは、あと 2 回やってみましょう。みなさんの足腰も、20 歳のときのように強くなるかもしれませんよ（冗談）。

11 （参加者の状況に応じて【6】から繰り返す）

実践のバリエーション

6

テーブル編
（上肢筋群の筋力強化）

テーブルに新聞紙を置き、両手で行なう。両手で新聞紙を挟んで押さえる。上肢筋群の筋力トレーニングになる。

新聞紙の大きさは 4 分の 1 ほどが扱いやすい。ただし、テーブルのスペースがあれば大きく広げた状態の新聞を徐々に小さく折っていくやり方も楽しい（手指の巧緻性向上につながる）。

●新聞紙を敷く際、参加者の状況（参加意欲・片麻痺の状態・理解度　など）を見る。その情報を元に、歌のリズムスピード（遅く・速く）を調整する。
●準備するまで個々の差があるのでゆっくり待つ。事前にスタッフにやり方を伝えておき、参加者のフォローをしてもらう。
●イメージの共有を図ることにより、参加意欲を向上させる。
●楽しい雰囲気づくりを心がける。

介助の必要な参加者のフォローをスタッフにしてもらうよう、事前に声をかけておく。

●できたことへの達成感を言葉で伝え、次への意欲につなげる。
●フォローが入った参加者にも「○○さんもがんばりましたね」と声をかけ、次への意欲につなげる。
●参加者ひとりひとりの達成感を大切にする。そうすることで次への進行もスムーズになり温かなものとなる。
●股関節内転筋群（内側）の強化、骨盤底筋群の強化が期待できる。

第3章

足腰動かし…歩けるように

4【流れ】

ビジュアルでわかる流れ編

新聞紙の上で足踏みをしてバランス感覚アップ！

雪ふみ

＊新聞紙を雪に見たてて雪歩きを楽しむ

※ 1 などのせりふはP.62-63「詳しくわかるシナリオ編」で掲載

ここから！

1 雪ふみをしましょう

1 2
今日は「雪ふみ体操」で楽しみましょう。3
4
1/2に切ったもの
雪ふみ、子どものとき楽しかったわね

2 さあ雪ふみ！ でもはみ出さないで！

歌いながら新聞紙を見ないで、新聞紙の上を歩きます。5
ただし、このときに新聞紙から足が完全に出たら負けです。
出ちゃいそう……

歌「ゆきがふったそのあさは、みんなでゆきふみ、キュ・キュ・キュ」 6

人数	1人〜複数		
道具	新聞紙		
姿勢	立位・座位		
所要時間	15分程度	回数	3回
ここに効く	下肢筋群の強化／歩行の安定性向上／脳の活性化		

●新聞紙を新雪に見たてた、「雪ふみ」体操。
●童心に戻り、雪の上を「キュ・キュ・キュ」と踏み鳴らしながら歩く姿を思い浮かべながら楽しんでください。
●足腰を鍛え、歩行の安定性と脳の活性化を図ります。

続きますよ〜！
楽しいな！
歌「キュ・キュ・キュ・キュ・キュ・キュ」
「キュ・キュ・キュ…」
7 〜 9
新聞紙から足が出ないでできた方。おめでとうございます！ 10
11

3 もっと狭い範囲で……

新聞紙を半分に折って敷いてください。新聞の範囲が狭くなりますよ。 12
13
半分に折ったもの
こりゃ難しい！
14
もう一度、新聞紙を半分に折って、行ないましょう！
15 〜 17

ゆきが ふった そのあさは みんなで ゆきふみ キュ キュ キュ キュ キュ キュ キュキュキュキュ キュ キュ キュ キュキュキュキュ キュ キュ キュ

『雪ふみ』作詞・作曲／伊藤利雄

POINT

●サイドに用意してあるイスに手が着いてもかまいません。安全に安心して楽しく行なうことが第一優先です。
●「アッ出ちゃった」「残念」と悔しがり、夢中になります。ルールを理解することで楽しさも倍増します。個人差があり全体指導では認識できない方もいますので、個別にやり方を伝えましょう。「要支援」以外の方にもお勧めです。

流れが詳しくわかるシナリオへ

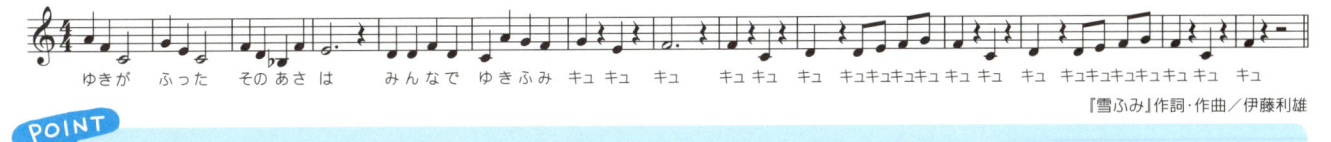

4【シナリオ】雪ふみ

	トッシー（介護職…進行役）の声かけ	参加者の行動・反応	備考・ポイント
1	初めに、立てる方はそのまま、少し不安のある方はイスを利き手側に置きます。イスに座ったままでもけっこうです。イスの方は足元に新聞紙を敷いて行ないます。では、背筋を伸ばしあごを引き前を向きましょう。イスの方はそのまま座った状態で行ないます。		※「補聴器の装着」についてはP.10を参照
2	朝起きて窓の外を見ると新雪が降り積もっていて、辺り一面、白一色。大人はそれを見て、「寒い」「外に出たくない」「仕事に行きたくない」と思ったりしますが、子どもは逆に心うきうき。外に出て雪の上を「キュ・キュ」と踏み鳴らし、はしゃぎながら歩く子どもたち。「子どもは、風の子、大人は火の子」ですね。	（笑い）	参加者のイメージを共有し参加意欲を向上を図る。
3	みなさんも昔は子どもでした。昔から大人の人はいません。大人のような子どもはいまでもいますが。今日は子どもに戻って、「雪ふみ体操」で楽しみましょう。		
4	この体操の効果としては、全身運動による筋力の向上とバランス感覚と注意力の向上を図り脳を元気にしてくれます。やり終えた後には20歳のような若々しさが戻ってくるかもしれませんよ（冗談）。	（笑い）	●効果をわかって行なうことで参加意欲の向上を図る。 ●身体認知能力トレーニング（自分の身体について正しく把握する）。 ●空間認知能力のトレーニング（自分と物との関係をすばやく正確に把握・認識する能力）により脳の活性化を図る。
5	それでは、一度僕がやってみますので見ていてください。 歌いながら新聞紙を見ないで、新聞紙の上を歩きます。ただし、このときに新聞紙から足が完全に出たら負けです。ただし、少しでも新聞に掛かっていれば、セーフです。出ないように意識して歩きましょう。		
6	①歌「ゆきがふったそのあさは、みんなでゆきふみ、キュ・キュ・キュ」 ②歌「キュ・キュ・キュ・キュ・キュ・キュ」「キュ・キュ・キュ」 「キュ・キュ・キュ・キュ・キュ・キュ・キュ・キュ」	数人が、トッシーと同時進行でまねをして行なう	
7	新聞から足が出てしまったので、僕の負けです（わざと新聞から出てしまう）。	（笑い）	
8	それでは、今度はみなさんといっしょにやってみましょう。歌をうたいながら新聞紙から出ないようにやります。足は少しでも新聞にかかっていたらセーフです。2つ以上のことを同時に行ないますので、脳が活性化し、効果的です。		
9	（【6】の①と②を行なう）		
10	新聞紙から足が出ないでできた方。 おめでとうございます。あとから豪華賞品がもらえますよ（冗談）。	（ニッコリ笑顔）	楽しい雰囲気の場にすることで、参加意欲の向上を図る。
11	みなさんの「笑い」が脳を元気にしてくれます。笑うことによりストレスが軽減し、それにより、血圧も下がり、血圧が下がると身体も健康になる。ですからみなさん、さっきよりも5歳は若返っていますよ（冗談）。	（笑い）	

12 僕が今度は少し意地悪をします。
新聞紙を半分に折って敷いてください。新聞の範囲が狭くなりますよ。
立っている方で不安な方は、イスの背を持って歩いてください。

13 それでは始めます。
(【6】の①と②を行なう)
（やる気満々）

14 新聞紙から足が出ないでできた方。おめでとうございます。拍手です。
（ニッコリ笑顔）
達成感を味わってもらう。

15 僕がまたまた意地悪をしちゃいます。もう一度、新聞紙を半分に折ってください。これが最後です。みなさん集中してやりましょう。
座位の方、足腰が不安定な方はスタッフが補助をして新聞紙を折り、足元に敷く。

16 (【6】の①と②を行なう)

17 新聞から足が出ないでできた方。おめでとうございます。拍手。
ちなみに今まで一度も出ないでできた方。すごい。もう一度みなさんからの拍手をお願いします。
（ニッコリ笑顔）
達成感を味わってもらう。

●新聞紙を踏んでも滑らないように、運動靴を履くなど工夫して、注意する。
●イスを横にして、25～30cm 程離し、利き手側に置く（イスの横に立つ）。次に、新聞紙（1 枚＝2 ページ分をあらかじめ 2 分の 1 に切った）を足元に敷き、その上に両足をそろえて立つ。
●参加者の状況を（参加意欲·片麻痺の状態·理解度　など）見る。その情報をもとに、歌のリズムスピード（遅く·速く）を調整する。
●準備するまでに個々の差があるので、ゆっくりと待つ。事前にスタッフにやり方を伝えておき、参加者のフォローをしてもらう。

第4章　上体動かし…肩こり知らず

1【流れ】

ビジュアルでわかる流れ編

胸の前で風を吹かせて筋力アップ！

お外のクーラー

＊新聞紙をはためかせて、即席の自力クーラー

※ 1 などのせりふはP.66-67「詳しくわかるシナリオ編」で掲載

ここから！

1 暑い日にはクーラーが恋しい

1　2

毎日暑い日が続きますね。…子どもたちが「かぜ、かぜ、吹いてこい」「クーラーみたいに吹いてこい」と遊んでいる姿を体操にしてみました。 3　4

あら、かわいい！
1/2に
折ったもの

●イメージを共有することで、参加意欲の向上を図る。

2 遊ぶ子どもたちになりきって

5

新聞紙の上部を両手で持ち、胸の前にかざします。

歌を歌いながら、頭上からひざの下くらいまで大きく、新聞を上下に動かします。

6 ～ 8

なるほど、
これがクーラーか

歌「かぜ、かぜ、もっとふいてこい、おそとのクーラー、ふいてこい」

●ストレッチ感覚で、胸を広げ、ゆっくり４回ほど、上下に動かす。

人数	1人～複数		
道具	新聞紙		
姿勢	座位		
所要時間	15分程度	回数	3回
ここに効く	上肢筋群の筋力向上／バランス感覚の向上／脳の活性化		

- 暑い夏に吹く「涼しい風」が「お外のクーラー」
- 新聞紙を使いみなさんと協力して吹かせましょう。
- 上肢筋群の筋力向上とバランス感覚の向上及び脳の活性化。
- 対人関係能力の向上にも効果抜群の体操です。

次は、新聞紙を勢いよく上下に動かし、強い風を起こします。
汗をかくわね
このまま「5」数えます。1・2・3・4・5！
9

- トレーニング感覚で、上下に早く動かす。腸腰筋が鍛えられる。

3 もっと小さなクーラーで

今度は、新聞紙をもう一度半分に折ってください。これで繰り返します。10
1/4に折ったもの
さっきより力がいるわぁ！
再び、新聞紙をもう一度半分に折って、行ないましょう！ 11
12

『お外のクーラー』作詞·作曲／伊藤利雄

かぜかぜもっ と ふいてこい おそとのクー ラー ふいてこい

POINT

- 新聞紙を上下する際、どうしても小さな動きになりがちです。介護職は大きくゆったり動かすように心がけましょう。最初はゆったり、あとは大胆に、です。

流れが詳しくわかるシナリオへ

第4章

1 【シナリオ】 詳しくわかるシナリオ編 お外のクーラー

	トッシー（介護職…進行役）の声かけ	参加者の行動・反応	備考・ポイント
			※「補聴器の装着」についてはP.10を参照
1	今から新聞紙を使い、上半身の筋力の向上とバランス感覚の向上、そして、脳を元気にする「お外のクーラー」という体操をします。	ひざの上に新聞紙1枚（＝2ページ分）の半分（1ページ分）を横長で置く。	●介護職を前に参加者はコの字になり、イスに座ってもらう。
2	まず、姿勢確認をします。（※52ページ左下「姿勢確認」イラスト参照）最初に、背筋を伸ばします。このとき、イスにもたれないようにしてください。次に、前を向き、あごを引きます。背筋と股関節の角度が90度。膝関節の角度が90度。足関節が90度で、足底を床に着けてください。こうすることで呼吸も楽になり声も出しやすくなります。		骨盤が寝ている状態だと背筋も伸びない。まず、骨盤を座面に対し起こした（直角にした）後に、背筋を伸ばしあごを引くようにする（スタッフに事前に伝えておき、参加者の姿勢確認をする）。
3	毎日暑い日が続きますね。そんな中、先日、公園で子どもたちが「かぜ、かぜ、吹いてこい」「クーラーみたいに吹いてこい」と言って、両手を上下に揺らし、風を呼び込むようなしぐさで遊んでいる姿を見かけました。その姿を見て思わず「かぜ、吹いてこい」と声を出してしまいました。	（ニッコリ笑顔）	
4	それにしても、子どものすなおな表現って本当にかわいいですね。そんな子どもたちの姿を体操にしてみました。		
5	一度、僕がやってみますので見ていてください。		
6	新聞紙の上部を両手で持ち、胸の前にかざします。今から歌をうたいながら、新聞を上下に大きくゆっくり動かします。頭上からひざの下くらいまで、大きくです。自分の向こうに風を吹かせてください。 ①歌「かぜ、かぜ、もっとふいてこい、おそとのクーラー、ふいてこい」 これを歌いながら新聞紙を大きく上下に動かし、風を起こします。 ②次は、新聞紙を勢いよく上下に動かし、強い風を起こします。 ③このまま「5」数えて終わります。	意欲満々でいっしょにやろうとする。	
7	今度は、みなさんといっしょに力を合わせ、風を吹かせて「大型のクーラー」を作りましょう。		
8	新聞紙の上部を両手で持ち、胸の前にかざします。 これから、歌に合わせ、新聞を上下に大きくゆっくり動かしますよ（①）。 終わったら②③をします。これの繰り返しです。 みなさんがんばってください。	みんな笑顔で夢中で行なう。	
9	ありがとうございました。 みなさんすごいですね。クーラーよりも涼しくなりました。	（ニッコリ笑顔）	達成感・満足感を味わってもらう。
10	今度は、新聞紙をもう一度半分に折ってください。 さきほどの【6】の①〜③を繰り返します。		●少し難易度を上げることでより意欲的になってもらう。 ●手指の巧緻性の向上。
11	再び、新聞紙をもう一度半分に折ってください。 どんどん新聞紙が小さくなります。風を吹かせるためには、みなさんの力がもっと必要になってきますよ。力を合わせ風を吹かせましょう。		

12 ハイ、ありがとうございました。みなさんのおかげで部屋の中がとても涼しくなりました。大型クーラーより涼しかったですよ。
その甲斐あって、みなさんの体力も10歳は若返っていますよ。

（笑い）

「お外のクーラー」を通し、人と人がつながる。人とのちょっとしたつながりを継続することで人間関係も改善し、社会的孤立を防止することで認知症になるリスクが軽減する。

実践のバリエーション

6 風を吹かせる①「風を感じてみたい方」

風を吹かす際、「今度は真ん中に入って「風」を感じてみたい方」と声をかけ、参加者の中から選任して、「コの字」に座った中央に移動してイスに座ってもらい、行なう方法もあります。

6 風を吹かせる②「向い合って」

2人で向かい合って行なう方法もあります。状況に応じて工夫してみてください。

●イメージすることも脳の活性化につながる。
●共同作業の中で、参加者同士の気持ちをひとつにする狙いがある。
●参加者同士の心のふれあいの中、対人関係能力の向上を図るねらいがある（事前にスタッフにねらいを伝えておくことでスタッフの協力を得ることができ、その後の進行もスムーズに進む）。

●新聞紙をかざす際、参加者の状況（参加意欲・片麻痺の状態・理解度　など）を見る。その情報をもとに、歌のリズムスピード（遅く・速く）を調整する。
●準備するまで個々の差があるのでゆっくり待つ。事前にスタッフにやり方を伝えておき、参加者のフォローをしてもらう。

第4章
上体動かし…肩こり知らず
2
【流れ】

ビジュアルでわかる流れ編

ニッコリ笑って心も体もリフレッシュ！

十五夜のお月さん

＊十五夜お月さんになりきって「にこ」！

※ 1 などのせりふはP.70-71「詳しくわかるシナリオ編」で掲載

ここから！

1 十五夜をイメージしながら

1 2

まんまるお月さんがニッコリ微笑んでいるという情景を思い浮かべながら、体操を行ないましょう。 3 4
十五夜といえば、満月とウサギだねぇ

●イメージを共有することで、参加意欲の向上を図る。

2 お月さんになる用意

まず、手のひらを上に向けひざの上に置きます。 5
こうかな
なんだか気持ちが落ち着くね

人　数	1人～複数
道　具	無し
姿　勢	座位
所要時間	15分程度
回　数	3回
ここに効く	肩・首周辺部の筋肉の柔軟性向上／脳の活性化

●秋の夜空。ニッコリ笑顔の「十五夜お月さん」
●肩・首周辺部の筋肉の柔軟性向上及び脳を活性化。
●気持ちを楽にして深呼吸。いつしか心も体もリフレッシュ。
●肩こりも解消です。

3 にっこりお月さんになりましょう

呼吸を止めず、ゆっくりとした動作で、両手で頭の上に大きな丸を作ります。6 ～ 9

あら、上でくっつけるのが難しい

両手の指先を見ないで頭上で合わせてください。

歌「じゅうごや　おつきさん　こんばんは」

「にこ」

真っ直ぐ正面を向いて、お月さんがニッコリ笑っているイメージで笑います。

右側に傾けて「にこ」、左側に傾けて「にこ」も、行ないましょう。11 ～ 13

14

その状態で「5」数えます。

これが私のお月さん

1 2 3 4 5 10

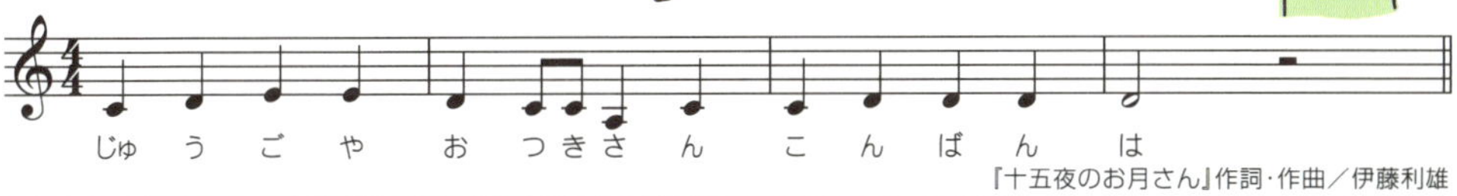

『十五夜のお月さん』作詞・作曲／伊藤利雄

POINT
●頭上で指先と指先がうまくドッキングをした瞬間、いっしょになって喜び合いましょう。
●最後の「にこ」（笑顔）がポイントです。介護職の「にこ」が参加者を安心させます。恥ずかしがらずやってみてください。
●認知症の方も「にこ」に思わず笑顔になります。

流れが詳しくわかるシナリオへ

2 【シナリオ】 十五夜のお月さん

※「補聴器の装着」についてはP.10を参照

	トッシー（介護職…進行役）の声かけ	参加者の行動・反応	備考・ポイント
1	それでは、今から首や肩こりにお悩みの方におすすめの「十五夜のお月さん」という体操をしたいと思います。		
2	まず、姿勢確認をします。（※52ページ左下「姿勢確認」イラスト参照） 最初に、背筋を伸ばします。このとき、イスにもたれないようにしてください。次に、前を向き、あごを引きます。背筋と股関節の角度が90度。膝関節の角度が90度。足関節が90度で、足底を床に着けてください。こうすることで呼吸も楽になり声も出しやすくなります。		骨盤が寝ている状態だと背筋も伸びない。まず、骨盤を座面に対し起こした（直角にした）後に、背筋を伸ばしあごを引くようにする（スタッフに事前に伝えておき、参加者の姿勢確認をする）。
3	「十五夜のお月さん」で、お餅をついている動物といえば何でしょう。	ウサギ	
4	正解です。ウサギです。 秋の夜空。ウサギさんといっしょに、まんまるお月さんがニッコリ微笑んでいるという情景を思い浮かべながら、気持ちを楽にして行ないましょう。		
5	それでは、始めたいと思います。 まず、手のひらを上に向けひざの上に置きます。この状態から始めます。僕が一度行ないますので、見ていてください。		
6	①歌「じゅうごや　おつきさん　こんばんは」 呼吸を止めず、ゆっくりとした動作で、両手で頭の上に大きな丸を作ります。最後の結びは、意識を集中して、両手の指先を見ないで頭上で合わせてください。難しいですが、これが集中力と注意力を向上させます。 ②「にこ」 真っ直ぐ正面を向いて、お月さんがニッコリ笑っているイメージで笑います。 ③その状態で「5」数えます。 「1・2・3・4・5」	意欲満々でいっしょにやろうとする。	そのほかの効果としては、胸郭を広げ肺活量の向上を図ること。
7	体操の効果としては、注意力や集中力の向上を図り、首や肩のこりを解消します。 また、首の周辺部の筋肉がほぐされることで、お食事の際、飲み込みもスムーズになります。そして、何よりも最後の「笑い」がポイントです。この笑いが脳を元気にしてくれます。作り笑いでもだいじょうぶです。笑いの表情がストレスを軽減させてくれますよ。	●意欲満々でいっしょにやろうとする。 ●介護職の「にこ」のポーズを見て笑う	
8	次は、みなさんといっしょにやってみましょう。		
9	①歌「じゅうごや　おつきさん　こんばんは」 ②「にこ」 ③「1・2・3・4・5」		

10	みなさんの最後の「にこ」の笑顔がとてもすてきですね。 さっきよりもみなさん３歳ほど若く見えてきましたよ。	（笑い）	楽しい思いが参加意欲を向上させ、温かな雰囲気で次に進行することができる。
11	今度は首を右側に傾けて「にこ」をしましょう。 （①②③を行なう。②のときに首を右側に傾ける）		
12	みなさんやるたびに若返っていますよ。 今度は６歳若くなった気がします。		
13	最後は首を左に傾けて「にこ」です。 （①②③を行なう。②のときに首を左側に傾ける）		
14	ありがとうございました。みなさんリラックスしながら楽しんでいただけましたでしょうか。楽しかったという満足感がストレスを軽減し心身共に元気にしてくれます。どこでも簡単にできる体操です。おうちに帰ってご家族といっしょに「にこ」と笑って楽しんでください。		施設内・家族・友人など、社会的な人間関係を維持することで、ストレスやそれに伴う身体の悪影響も軽減される。

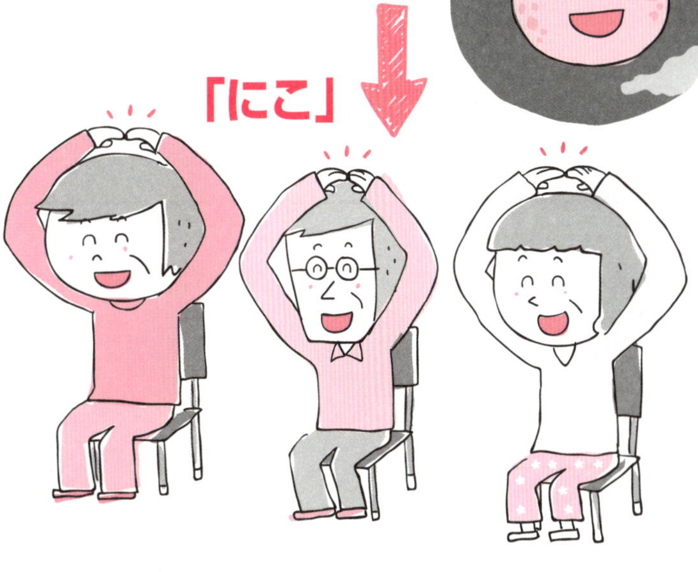

- ●介護職が再び参加者の前で「にこ」のポーズをする。
- ●注意の分割機能トレーニング（一度に２つ以上のことに注意を向ける機能）。
- ●身体認知能力の向上を促す（自分の身体について正しく把握する）。
- ●首と肩のストレッチを行ない、肩周辺の筋肉を柔軟にする。肩コリを解消する。
- ●首周辺部の筋肉を柔軟にすることで、嚥下機能を向上させ、誤嚥性肺炎の予防を行なう。

第4章

上体動かし…肩こり知らず

3【流れ】

ビジュアルでわかる流れ編

餅をこねて回して筋力アップ！

てんか餅

＊ハンカチを餅に見たてて餅作り

※ 1 などのせりふはP.74-75「詳しくわかるシナリオ編」で掲載

ここから！

1 てんか餅って？

1 戦国時代の天下取りにかかわった三大武将といえば？ 2
信長
秀吉
家康
正解です。「織田がつき羽柴がこねし天下餅、座りしままに食うは徳川」という名言があります。 3
今日はこの名言に出てくる「てんか餅」をハンカチで作ります。 4

2 餅作りの用意

5 ハンカチを１枚広げ、テーブルの上に置きます。 6
ハンカチの中央に両手を置きます。
天下

人数	1人～複数
道具	ハンカチ
姿勢	座位
所要時間	15分程度
回数	3回
ここに効く	上肢筋群の強化／手指の巧緻性向上／脳の活性化

- ハンカチを使った体操です。
- 戦国時代の武将（信長・秀吉・家康）になった気分で「天下取り」
- 肩と腕の筋力強化と脳の活性化に効果的。
- 手指の巧緻性（巧みさ）も同時にアップ。

3 てんか餅を作って取り合う

それでは始めます。 7 ～ 11
①おだがつき
両手を外側に動かします。
②はしばがこねし
ハンカチを手前から奥に折って半分にします。

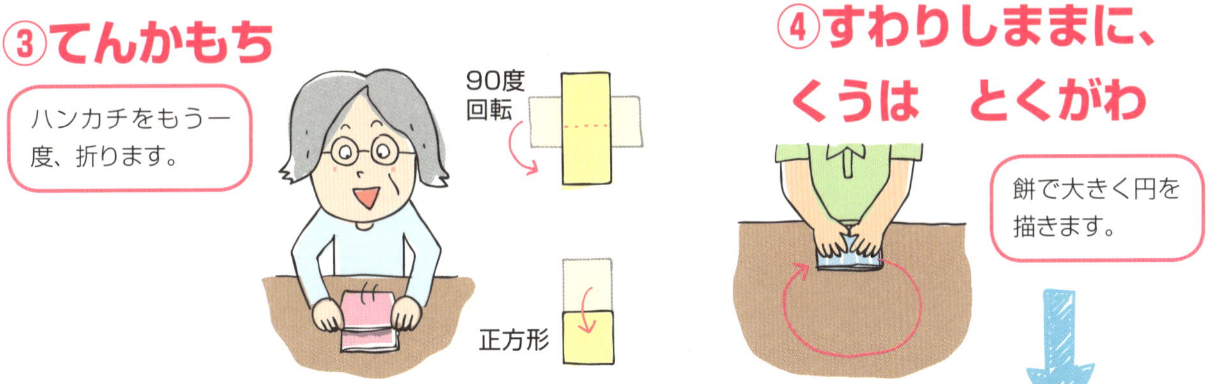
③てんかもち
ハンカチをもう一度、折ります。
90度回転
正方形
④すわりしままに、くうは　とくがわ
餅で大きく円を描きます。

- 回を重ねる毎に、周りの参加者からしぜんに「○○さんがんばって」と声をかけ合う（応援する）姿も見られてくる。

「5」数える間にスタッフたちに取られないように！ 12
1 2 3 4 5
13

『てんかもち』わらべうた（補作・伊藤利雄）

おだがつき　はしばがこねし　てんかもち　すわりしままに　くうは　とくがわ

POINT

- 拍子だけの簡単な歌です。参加者の状況に合わせ拍子のスピードをコントロールしながら楽しみましょう（場合によっては途中でやめてもかまいません。片麻痺の方はじめひとりひとりを大切に、みんなでいっしょに進めていきましょう）。
- 最後のハンカチの引っ張り合いの際、片麻痺のある方は麻痺側の手を下にし、麻痺のない手を上にして押さえましょう。

流れが詳しくわかるシナリオへ

てんか餅

	トッシー（介護職…進行役）の声かけ	参加者の行動・反応	備考・ポイント
1	脳も筋肉と同じで使わないと衰えていきます。今から、手指を使い脳を活性化する体操と肩や腕の筋肉を強化する体操をしたいと思います。		●効果を伝えることで参加意欲の向上を図る。 ●長テーブルを「コの字」に置き、その外側に座る。 ※「補聴器の装着」についてはP.10を参照
2	僕の地元（愛知県）に天下取りの、戦国時代の武将を称した名言があります。ところで、戦国時代の天下取りにかかわった三大武将といえば、だれがいますか。	信長 秀吉 家康	
3	正解です。名言は、「織田がつき羽柴がこねし天下餅、座りしままに食うは徳川」です。信長が餅をついて、秀吉がこねて、最後に家康がその餅を食べたという、天下取りのようすを表したものです。 みなさんご存じでしょうか。	●（ニッコリ笑顔） ●納得した表情でうなずく ●ハイ	
4	今日はこの名言に出てくる「てんか餅」をハンカチで作り、「てんか取り」体操をしたいと思います。		
5	それでは、僕とスタッフで一度やってみますので、見ていてください。 まず、2人がテーブルに向かい合い、座ります。		
6	次に、背筋を伸ばし、ハンカチを1枚広げ、テーブルの上に置きます。 次に、ハンカチの中央に両手を置きます。このとき、テーブルが胸の前にあるので、ひじは机に対して90度くらいに、楽に曲げてください。 指はすべて伸ばしてください。（※52ページ左下「姿勢確認」イラスト参照）		●ハンカチは30cm四方以上の大きなものがおすすめ。フェイスタオルなどでも代用可能。 ●姿勢確認をする。
7	それでは始めます。 ①「おだがつき」と言ったら、両手を外側に動かします。ハンカチのしわを伸ばす感じです。 ②「はしばがこねし」と言ったら、ハンカチを手前から奥に折って半分にします。 ③「てんかもち」と言ったら、90度回して縦に置き、ハンカチを手前から奥にもう一度折ります。これで正方形になります。 ④「すわりしままに、くうは　とくがわ」と言ったら、ハンカチの上に両手を置き、時計回りでも反時計回りでもけっこうですので、大きく円を描くようにハンカチを滑らせてから、止めます。 ⑤次に、僕の目の前でしゃがんでいるスタッフが僕のハンカチ（てんか餅）を両手でつまんで引っ張りに行きますので、取られないようにしっかりと押さえます。「5」数える間に取られたら負けです。	意欲的にいっしょにマネしてやろうとする。	
8	ちなみに、両手で上から押さえる行為は、転倒した際にしぜんに両手が出て身体を支えることに役だつ力です。		●効果を理解することで参加意欲の向上を図る。 ●保護伸展反射の向上を図るトレーニング。
9	みなさん、わかりましたでしょうか。 ではみなさん、まずは、テーブルの上にハンカチを広げて置きましょう。 そして、両手をハンカチの中央に置きます。		

10 ハイ、それでは、僕といっしょに大きく口を開け、声を出してやってみましょう。
「てんか餅」を取られなかった方には、○○苑から豪華な賞品がもらえるかもしれませんよ。

（ニッコリ笑顔）

●声帯周辺の筋肉を強化する
●口腔・嚥下機能の向上を図る。

11 始めます（各々が①～⑤を行なう）。

●全員が折り終えたら次に進む。それまで待つ。
●介助が必要な参加者には、スタッフについてもらう（事前に打ち合わせをしておく）。

12 （介護職とスタッフで分かれて、座っている参加者のところへ順番に回って行く）
「Pさんいきますよ」
両手からはみ出しているハンカチ（てんか餅）の端を両手でつまんで引っ張る。
「みなさんも、Pさんを応援してください」
「1・2・3・4・5」
「この勝負、Aさんの勝ち！」
（ほかの参加者にも順番に行なっていく）

●必死になって押さえる。
●「Pさんがんばれ」
●（ニッコリ笑顔のPさん）

●参加者の気持ちをひとつにする声かけをする。

13 みなさん楽しかったですか。
楽しいことがいちばんです。楽しいことうれしいことがいっぱいあると、それだけで脳が元気になり、ストレスが軽減されます。それにより血圧も下がりますので健康になります。
始める前と今では、みなさん、10歳若くなったように見えますよ。

（笑い）

●対人関係能力の改善。
●無気力や社会的孤立を防ぐ。

●全員が準備できるまで待つ。
●ハンカチを広げるときに、参加者の状況を（参加意欲・片麻痺の状態・理解度　など）見る。その情報をもとに、歌のリズムスピード（遅く・速く）を調整する。

実践のバリエーション

7

参加者同士でペアになって

参加者同士で向かい合い、ペアで行なう方法もあります。状況に応じ、工夫してやってみましょう。

7

円は時計回り・反時計回りと工夫を

④の円を描く場面で、何度か体操を行なう場合には、時計回り・反時計回りを順番に描くようにしましょう。

※「各地のお国自慢的なこと」を取り入れましょう

誕生会にも
楽しい「デイ」！

【流れ】

ビジュアルでわかる流れ編

誕生日の人を祝いながら手指のトレーニング！

ハッピー・デイ（あなたはひとりじゃないよ）

＊みなさん、誕生日おめでとう！

※ 1 などのせりふはP.78-79「詳しくわかるシナリオ編」で掲載

ここから！

1 一年に一度の自分だけの記念日？

だれもが必ず一年に一度やってくる、自分だけの記念日といえば？ 1 ～ 3
誕生日！
そうです。誕生日です。今日は、「ハッピー・デイ」という体操をします。

2 あなたの誕生日は何月？

今月は１月です。１月生まれの方、手を挙げてください。 4 5
ハイ！
HAPPY BIRTHDAY
１月生まれのＡさん。みんなで「ハッピーデイ」という体操でお祝いしたいと思います。

人　数	1人～複数
道　具	無し
姿　勢	座位
所要時間	15分程度
回　数	3回
ここに効く	手指の巧緻性向上／脳の活性化

●1月から12月の「お誕生日」を題材にした体操です。
●「お誕生日おめでとう」世界で一番すてきな日に、あなたもわたしもワクワクドキドキ。
●手指の巧みさの（巧緻性）向上と脳を活性化を図ります。

3 みんなで歌って祝いましょう！

＊指の出し方＊

右手のひとさし指を1本出します。これが1月のポーズです 6

ほかの月はこのようにします。

1～5月

片手で1～5本指を出す

6～10月

両手で出す。足し算の方法

11・12月

両手で出す。11月は左右1本指ずつ。12月は右手が2本指で左手が1本指

歌「1がつは、Qさんのたんじょうび」「せかいで、いちばんステキなひ」 7 ～ 10

「Qさん おたんじょうび、おめでとう」

歌「ハッピー」「ハッピー」「デー」

次は２月生まれの方！

11 ～ 13

『ハッピー・デイ』作詞・作曲／伊藤利雄

POINT

● 「ハッピーデイ」を通し、人と人がつながります。人とのちょっとしたつながりを継続することで、人間関係も改善し社会的孤立を防止することで、認知症になるリスクが軽減します。認知症の方も思わず「ありがとう」と口にします。
● 「おめでとう」「ありがとう」のやり取りは、ひとりひとりが主役になれるように、ゆっくり、笑顔・笑顔で楽しみましょう。

流れが詳しくわかるシナリオへ

詳しくわかるシナリオ編

ハッピー・デイ（あなたはひとりじゃないよ）

	トッシー（介護職…進行役）の声かけ	参加者の行動・反応	備考・ポイント
1	今日は、手指の巧みさを向上させ、脳を元気にする「ハッピー・デイ」という体操をします。	介護職を前に、参加者はコの字になり、イスに座る。	※「補聴器の装着」については P.10 を参照
2	まず、姿勢確認をします。（※ 52 ページ左下「姿勢確認」イラスト参照） 最初に、背筋を伸ばします。このとき、イスにもたれないようにしてください。次に、前を向き、あごを引きます。背筋と股関節の角度が 90 度。膝関節の角度が 90 度。足関節が 90 度で、足底を床に着けてください。こうすることで呼吸も楽になり声も出しやすくなります。	姿勢を正す。	骨盤が寝ている状態だと背筋は伸びない。まず、骨盤を座面に対し起こした（直角にした）後に、背筋を伸ばしあごを引くようにする（スタッフに事前に伝えておき、参加者の姿勢確認をする）。
3	だれもが必ず一年に一度やってくる、自分だけの記念日といえば、何だと思いますか。	「誕生日」	
4	そうです。誕生日です。 今月は 1 月です。1 月生まれの方、手を挙げてください。	ハイ（Q さん）	
5	Q さんお誕生日おめでとうございます（拍手）。	Q さん「ありがとうございます」	
6	1 月生まれの A さんに、僕から「ハッピ・ーデイ」という体操でお祝いしたいと思います。 みなさん見ていてください。 右手のひとさし指を 1 本出します。これが 1 月のポーズです。	数人が、介護職のまねをして意欲的にいっしょにやり始める。	誕生日を忘れている方もいるので、事前にスタッフと確認をしておく。忘れているようなら、ひと声かける。
7	その状態で、手のひらをクルリと外側（向こう側）に向けて止めてください。	介護職のまねをする	
8	次に、歌に合わせて、右手を大きく左右に動かします。 最初に僕が一度やってみます。 ①歌「1 がつは、A さんのたんじょうび」（リズムに合わせ右手を左右に動かす） ②歌「せかいで、いちばんステキなひ」（同上） ③歌「ハッピー」「ハッピー」「デー」（リズムに合わせ、手をたたく） Q さんの方向を向き ④「Q さんおたんじょうび、おめでとう」（Q さんに拍手をしながら声をかけます）	数人が、同時進行で行なう。	手首の関節可動域を広げる効果がある。
9	歌いながら指を動かすという、2 つ以上のことを同時に行ないますので、脳もとても元気になります。 「おめでとう」「ありがとう」という何気ない言葉のやり取りですが、心がとても温かくなり、幸せな気分になる。これによりストレスレベルも下がり血圧も下がる。身体の中の免疫細胞の活性化し病気にもなりにくくなります。 さまざまな効果のある「ハッピー・デイ」です。	効果を聞き、思わず納得の表情。参加意欲が増す。	

10 今度はみなさんといっしょにやってみましょう。
（①〜③を行なう）
介護職「Q さんのほうを向いて、おめでとうをしましょう」
④「Q さんおたんじょうび、おめでとう」
（Q さんの座っている方向を向き、拍手をしながら声をかけます）

●声を出していっしょに歌う。
●ほかの参加者が Q さんの方向を向き、拍手と言葉で「おめでとう」。A さん「ありがとうございます」（笑顔）。

参加者同士の心のふれ合い、対人関係能力の向上を図るねらいがある（事前にスタッフにねらいを伝えておくことでスタッフの協力を得ることができ、その後の進行もスムーズに進む）。

11 それでは、次は 2 月生まれの方、手を挙げてください。
同じように今度は 2 月ですから、指を 2 本立ててやってみましょう。

（R さんと S さんが挙手）

参加者の人数が多い場合（10 人以上）は、その月の誕生日の方をまとめて呼ぶことで、間のびせず集中して行なうことができる。状況に応じて工夫する。

12 今度はみなさんといっしょにやってみましょう。おふたりの名前をいっしょに歌います。
①歌「2 がつは R さんと S さんのたんじょうび」
②「せかいで、いちばんステキなひ」
③「ハッピー」「ハッピー」「デー」
トッシー「R さん S さんのほうを向いて、おめでとうをしましょう」
④「R さん S さんおたんじょうび、おめでとう」
（R さん S さんの座っている方向を向き、ふたりに拍手をしながら声をかけます）

●声を出していっしょに歌う。
●ほかの参加者が R さんと S さんの方向を向き、拍手と言葉で「おめでとう」。R さんと S さん「ありがとうございます」（笑顔）。

13 （この繰り返しで 12 月まで行なう）

1 月〜 12 月まで行なえる特別曲。非日常的な自分だけの大切な誕生日をみんなで楽しみたい。「あなたはひとりじゃないよ」「だってこんなにあなたのことを見ていてくれる人がいるんだよ」「生きていてよかったね」「これからもよろしくね」「生きているっていいね」という思いをこめた体操。この思いは本書全体の基盤になっている。

●手指の巧緻性の向上。
●事前に参加者の誕生日を把握しておく。ホワイトボードに記入しておいてもよい（全員が見てわかるようにしておくと間違いも起きず、参加意欲も増す）。

著　者

社会福祉士・保育士・介護予防運動指導員

伊藤利雄（いとう・としお）

1957年生。愛知県日進市在住。現在、県内の保育園に勤務。地域で「トッシー」の愛称で呼ばれ、子どもたち（障がいのある子も含め）の福祉施設・子育て支援の場・お年寄りのデイ・サービスの場で「かかわり歌あそび」「ハンカチかかわりあそび」などのふれ合い活動を行ない、TEAM・I（特定非営利活動法人）の仲間らと共に「心のバリア・フリー」（障がいがあろうがなかろうが誰もが安心して暮らせる地域づくり）を目指し活動をしている。

主な著書

『かかわり歌あそび　タッチで友だち　入門編』（草土文化）

『ハンカチかかわりあそび　布でつながろう』（草土文化）

『かかわり歌あそび　かぞくでリフレッシュ（応用編）』（草土文化）

協　力

有限会社 三ケ所

代表・大川彰治

グループホームむつみ苑のみなさん

スタッフ

編集協力・本文レイアウト／堤谷孝人

本文イラスト／森のくじら

企画編集／安藤憲志

校正／堀田浩之

認知症高齢者も笑顔に!

トッシー伊藤の 驚きの介護レク

2014年11月発行

著　者　伊藤利雄

発行人　岡本　功

発行所　ひかりのくに株式会社

〒543-0001　大阪市天王寺区上本町3-2-14　郵便振替00920-2-118855　TEL06-6768-1155

〒175-0082　東京都板橋区高島平6-1-1　郵便振替00150-0-30666　TEL03-3979-3112

ホームページアドレス　http://www.hikarinokuni.co.jp

印刷所　凸版印刷株式会社

JASRAC 出1412616-401

Printed in Japan

ISBN978-4-564-43143-2

C3036　NDC369.17　80P　26×21cm